DO CÁRCERE INVISÍVEL DA MENTE HÁ PALAVRAS QUE CURAM

1ª Edição
Orlando , 2025
Phoenix Christian

QUANDO A ESCRITA SE TORNA CAMINHO, O SILÊNCIO DA DOR COMEÇA A FALAR

Andréa Calheiro

Dados Internacionais de Catalogação na Publicação (CIP)
(Câmara Brasileira do Livro, SP, Brasil)

Calheiro, Andréa
Do cárcere invisível da mente há palavras que curam : quando a escrita se torna caminho, o silêncio da dor começa a falar / Andréa Calheiro. -- 1. ed. -- Rio de Janeiro : Phoenix Christian Institute, 2025.

Bibliografia.
ISBN 978-65-988939-0-3

1. Autoconhecimento (Psicologia) 2. Comportamento humano - Aspectos psicológicos 3. Emoções - Aspectos psicológicos 4. Escrita - Uso terapêutico 5. Neuropsicologia I. Título.

25-304675.0 CDD-158

Índices para catálogo sistemático:

1. Escrita terapêutica : Psicologia 158

Aline Graziele Benitez - Bibliotecária - CRB-1/3129

DO CÁRCERE INVISÍVEL DA MENTE HÁ PALAVRAS QUE CURAM

QUANDO A ESCRITA SE TORNA CAMINHO, O SILÊNCIO DA DOR COMEÇA A FALAR

Andréa Calheiro

Primeira edição – setembro de 2025
Orlando, Flórida – Estados Unidos

Publicação e Edição: Phoenix Christian
Coordenação Editorial: Phoenix Group
Projeto Gráfico e Diagramação: Phoenix Group

Registro de direitos autorais solicitado junto à **Biblioteca Nacional do Brasil**
Protocolo nº 009984043542872/2025
Data do envio: 25/09/2025
ISBN: 978-65-988939-0-3

Índice para Catálogo Sistemático:

1. Psicanálise – trauma e sofrimento
2. Neuropsicanálise – trauma psíquico e identidade
3. Psicologia – processo de cura
4. Autobiografia – superação e reconstrução emocional
5. Relações humanas – resiliência e fé cristã

Nota à Leitora

Este livro fala abertamente sobre **abuso sexual e violência doméstica**.

Alguns trechos podem despertar lembranças ou emoções intensas. Leia no seu ritmo. Faça pausas quando sentir necessidade.

Se algo lhe causar angústia profunda, procure apoio de uma pessoa de confiança, um profissional ou uma rede de acolhimento.

Você não está sozinha.

Há palavras que curam, e esta jornada é o começo da sua libertação.

Dedicatória

Dedico este livro a todas as pessoas que, assim como eu, carregam cicatrizes invisíveis na alma. Aos que sobreviveram ao abuso, à dor, ao silêncio. Este é um livro para quem um dia achou que não tinha mais forças, e descobriu que ainda podia viver. Você não está sozinho(a). E sua história ainda pode ser ressignificada.

Agradecimento

Agradeço a Deus, acima de todas as coisas, por nunca ter desistido de mim. Mesmo quando eu já não acreditava, Ele levantava pessoas para me lembrar:

"Deus não desistiu de você. Ele nunca desiste. As aflições da vida são apenas instrumentos para Deus te moldar."

Obrigada, Senhor, por me amar em cada etapa da jornada. Sou grata aos meus pais, que já não estão mais aqui, mas cuja presença moldou quem sou. Minha mãe, com sua doçura e força, lutou tanto por mim. Meu pai, com seu jeito firme, também buscava nos dar o melhor, mesmo sem saber exatamente como. Eles fizeram o que podiam com o que receberam, e hoje penso neles com ternura e profunda gratidão.

Agradeço à minha família, meu marido, meus filhos, irmãos e parentes, que são parte da minha história e sustentação.

Aos amigos que permaneceram nos momentos mais difíceis, e aos mestres, professores e terapeutas que cruzaram meu caminho, cada um foi essencial.

A todos que, de forma direta ou indireta, ajudaram a tornar este livro possível, o meu muito obrigada.

Sobre a autora

Andréa Calheiro é cristã, esposa, mãe de três filhos e dois enteados, empresária, psicanalista, neuropsicanalista, professora, escritora, colunista e palestrante, com uma trajetória marcada por superação, fé e compromisso com a restauração emocional de mulheres.

Brasileira, carioca, vive atualmente em Orlando, Flórida, onde fundou o **Phoenix Group**, um conjunto de projetos que inclui o **Phoenix Christian Institute**, a **ABRAPN** (American Board of Psychoanalysts and Neuropsychoanalysts), o grupo terapêutico **Survivor Phoenix Life**, voltado exclusivamente para mulheres que sofreram abuso sexual e violência doméstica, e a **Phoenix Health Clinic**, onde coordena atendimentos terapêuticos gratuitos com estagiários supervisionados, e atendimentos com valores sociais.

Sua história pessoal atravessa marcas profundas, como o abuso sexual na infância e adolescência, vivências de violência doméstica e perdas familiares (pai, mãe, irmãos), que a impulsionaram em direção ao conhecimento, ao acolhimento do outro e ao chamado de transformar dor em propósito.

Mais do que títulos, Andréa carrega uma missão. Seu trabalho é pautado pela escuta, pela compaixão e pela convicção de que Deus continua sendo a resposta, mesmo quando a dor parece calar todas as vozes.

Este livro é uma extensão da sua caminhada: um espaço de reconstrução e um convite para que cada pessoa possa reencontrar sua própria voz. Com profunda sensibilidade e embasamento clínico, ela conduz o leitor por um percurso de cura, respeitando o tempo de cada um, sem fórmulas mágicas ou atalhos.

Andréa acredita que nenhuma história é irreversível. E que, mesmo das cinzas, é possível ressurgir. Como o próprio nome do grupo que criou inspira: **Phoenix,** renascendo para viver.

Sumário

Prefácio

Escrever este livro foi, para mim, mais do que organizar palavras em páginas. Foi um ato de coragem, um testemunho de sobrevivência e, acima de tudo, um convite à esperança.

O cárcere invisível da mente não é apenas uma metáfora. É uma realidade que aprisiona milhares de pessoas que viveram abusos, traumas e violências silenciadas. Eu conheço esse cárcere porque já estive nele. Mas também conheço o caminho da reconstrução, e é sobre isso que você encontrará aqui.

Este livro não traz apenas a minha voz; ele ecoa a voz de tantas outras mulheres, homens e crianças que foram feridos onde deveriam ter sido amados. Minha história se mistura à delas porque a dor é coletiva, mas também é coletiva a possibilidade de cura.

Ao longo destas páginas, você encontrará reflexões, experiências e aprendizados que têm um propósito central: lembrar, incansavelmente, que **a culpa nunca foi sua**. Você era apenas uma criança. Essa frase se repetirá de diferentes formas, de propósito, porque acredito na força da repetição para transformar memórias e abrir caminhos de libertação.

Se cada leitor terminar esta leitura com a convicção de que pode viver em liberdade interior, mesmo depois de tudo o que aconteceu, então este livro já terá cumprido sua missão.

Andréa Calheiro

Minha Travessia

Vem Para A Vida!

A criança silenciada

Este livro nasceu da minha dor. Mas também nasceu da minha cura. Ele é um sopro de vida para você que está cansada de apenas sobreviver. Eu sei o que é passar anos achando que era forte, quando, na verdade, estava apenas congelada. Achando que estava bem, quando por dentro tudo gritava. Tentando agradar todo mundo, quando nem eu sabia mais quem eu era. O que é se sentir culpada por algo que não foi sua culpa. O que é se calar por medo de destruir a família. O que é se esconder por medo do julgamento, e sei, profundamente, o que é se odiar por não ter conseguido se defender.

Mesmo tendo pais bons, mesmo tendo amor em casa, eu não consegui contar. Porque o medo de ser castigada era maior, porque a mente aprendeu a silenciar, porque a culpa cresceu dentro de mim como se tivesse nascido comigo.

Mas Deus... ah, Deus. Foi Ele que me alcançou, não através de uma religião. Não através de doutrinas. Mas ali, no meio da minha dor, no fundo do meu abismo, na minha alma em pedaços. Foi Ele quem me pegou pela mão quando ninguém mais me via. Foi Ele quem me mostrou que eu ainda estava viva.

Entendo que algumas partes da minha história, podem despertar em você uma dor

adormecida. Podem trazer lembranças difíceis, ou até mesmo causar aquele aperto no peito que a gente nem sempre sabe explicar. Não é essa a minha intenção, a minha intenção é te abraçar com palavras, é fazer você se sentir compreendida, mesmo que pela primeira vez.

Divido minha trajetória com todo carinho e respeito porque acredito que, ao olhar para mim, talvez você consiga se enxergar com mais compaixão. Não estou aqui para apontar caminhos prontos, nem para dizer como você deve se sentir. Estou aqui para te mostrar que é possível viver depois da dor, que existe vida após o silêncio, que sim, existe o caminho para a cura. E que você também pode chegar lá.

Então, vamos com calma, vamos juntas, a partir daqui a gente começa a mergulhar um pouco mais fundo. Não só na minha história, mas na sua também. Porque este livro não é sobre mim, é sobre nós, sobre tudo o que ainda pode florescer, mesmo depois da tempestade.

Porque estamos falando com vidas aprisionadas. Pessoas que carregam marcas invisíveis, mais profundas, que andam com sorrisos nos lábios e morte na alma. Gente que pensa, todos os dias, que talvez não valha a pena continuar, que está cansada, exausta, ferida, vazia. E que, muitas vezes, acredita que não tem saída.

Por isso, eu escrevo, porque eu estive nesse lugar. Eu já pensei em desistir, já quis apagar tudo, inclusive minha existência, já me perguntei se minha existência fazia algum sentido. E se hoje estou aqui, respirando e escrevendo, é porque Deus me alcançou, e me deu uma missão: ser ponte de cura para quem já não enxerga mais o caminho.

Minha história

Ela começou muito antes de eu compreender a dor, ela já batia à minha porta. Eu era muito pequena, talvez três anos, e já havia algo tentando apagar a luz que existia em mim. Eu não compreendia o que estava acontecendo, mas o meu corpo sentia, e reagia como qualquer criança reagiria: com medo, com silêncio, com confusão. Ainda não era o início dos abusos, mas já era o início da tentativa de me calar. Como se o mal já me visse como ameaça, e soubesse o quanto eu seria usada por Deus para alcançar outras vidas.

Era uma "brincadeira", pelo menos parecia, ele estava com um frasco de desodorante com água e começou a me borrifar, e eu, como toda criança pequena, quis pegar da mão dele para brincar também queria ter o controle daquele "brinquedo". Queria molhar também, mas enquanto eu tentava pegar o frasco, ele continuava borrifando em mim, e quanto mais eu ia para trás, mais ele avançava, mais ele me pressionava, eu me afastava, ele se aproximava.

Até que caí.

Atrás de mim havia um buraco o vão entre a casa e a escada que levava ao porão, era fundo, perigoso, deveria ter uns 3 metros de altura, e eu, uma criança de três anos, caí ali. Lembro da correria, da minha mãe vindo me socorrer, colocando gelo na minha cabeça. Ninguém entendeu o que aquilo significava.

Hoje, olhando com a maturidade, e com os olhos da terapeuta que me tornei, eu percebo: ele não era um bebê, tinha uns dez anos, idade suficiente para saber que eu podia me machucar, idade suficiente para ver que eu estava indo em direção a um buraco. E mesmo assim... ele não me impediu. Permitiu que eu caísse.

Algum tempo depois, essa mesma pessoa, a quem chamarei aqui de **tio B**, se tornaria quem me abusou até a minha juventude, por volta dos 17 ou 18 anos, quando eu estava às vésperas de me casar. E pode ser que tudo tenha começado ali, no dia em que eu fui empurrada, ainda que em silêncio, para dentro de um abismo. Ninguém viu, ninguém entendeu, ninguém parou.

Antes de começarmos a falar dos abusos, eu preciso olhar para você, com todo o cuidado e verdade, e dizer algo que talvez ninguém nunca tenha dito com clareza: **você não teve culpa**. Se você foi abusada sexualmente na infância, ainda que sua mente insista em dizer que você participou, que você permitiu, que você não gritou... ainda assim, você não teve culpa.

Criança não consente. Criança não tem poder de escolha. Criança não tem maturidade para compreender o que está acontecendo, muito menos para decidir sobre isso. Mesmo que você se lembre de sensações, de confusão, de momentos em que pareceu que você quis... ainda assim, **isso não anula o fato de que foi abuso**. A sua mente, tão pequena e frágil naquela época, só estava tentando sobreviver. Você estava tentando entender o mundo com os poucos recursos que tinha. E se hoje você ainda carrega essa culpa, lembre-se:

Ela nunca foi sua.

Criança abusada é manipulada, induzida, silenciada. Às vezes, o abuso acontece entre duas crianças, uma criança faz sexo com outra. E isso gera **uma das maiores prisões emocionais e mentais que uma vítima pode viver.** Porque a criança cresce com a ideia de que **ela é quem errou.** Que **ela foi a abusadora.** Que **ela provocou.**

E isso é mais comum do que se imagina. Aqui eu falo também da minha própria história. Eu tinha cerca de quatro anos e o meu primo também da mesma idade que a minha. Eu e meu primo ouvíamos, como muitas crianças ouvem, os adultos ao redor "brincando":

"Olha o casalzinho", "Vai casar-se com seu priminho", "Já tem namoradinho?".

Levou muito tempo até eu entender que, mesmo quando parece que você "fez junto", ou que "deixou", ou que "brincou", não muda o fato de que **nós ainda éramos crianças**. E isso precisa ser dito e entendido com todas as letras:

CRIANÇA NÃO FAZ SEXO.

Se duas crianças estão envolvidas em um ato sexual, é porque algo muito sério aconteceu, ou está acontecendo. Uma ou ambas foram expostas a situações que ultrapassam todos os limites da infância. Pode ter sido abuso direto, exposição à pornografia, negligência grave, violência doméstica, ou um ambiente onde a sexualidade foi apresentada de forma deturpada, precoce e violenta.

A Leiliane Rocha, uma referência que admiro profundamente, fala com muita propriedade sobre isso. Ela explica que, muitas vezes, crianças abusadas reproduzem o abuso com outras crianças. E, quando crescem, carregam o peso não só de terem sido vítimas, mas também o medo de terem se tornado algo pior.

Abuso sexual não é definido pelo grito ou pela violência física. Abuso é aquilo que invade, que ultrapassa, que viola. E isso pode acontecer em silêncio. Pode acontecer com um toque. Com uma palavra. Com um olhar. Pode acontecer até com um **"sim"** que na verdade foi um **"não"** sufocado. Criança abusada **não é culpada.** Criança abusada **é e sempre será a vítima.**

E entender isso é o primeiro passo para quebrar o **cárcere invisível da mente**. É esse cárcere que diz que você mereceu. Que você causou. Que você provocou. Mas você não provocou, você não causou, você **sobreviveu.** E se a culpa ainda te aprisiona, saiba: ela não te pertence. Ela nunca foi sua. Você não precisa mais carregar esse peso. Você não precisa mais justificar o que não foi sua responsabilidade. Você era criança, e agora é hora de libertar essa criança. De acolher a dor dela. De dizer para ela, com toda a verdade, com toda a força, com toda a compaixão, que **ela não teve culpa.**

Lembro de um episódio que nunca saiu da minha memória. Eu devia ter por volta de sete anos. Os abusos já estavam acontecendo, mas a minha mente de criança ainda não conseguia dar nome àquilo. E foi nesse período que **o abusador**, o tio B, tentou me beijar na boca, a minha resposta foi imediata: **"Beijo na boca não pode. Papai do céu briga. É pecado."** Hoje, quando olho para essa frase, vejo nela uma prova clara da minha inocência. Eu ainda acreditava na pureza, ainda vivia sob o código simples da infância, onde certo e errado eram divididos pelas palavras do céu e pelo medo de desagradar a Deus. É por isso que é tão importante desmistificar essa ideia de que a criança **"sabia o que estava fazendo"**. Criança não tem noção do que está acontecendo com ela durante um abuso.

Mesmo quando esconde, mesmo quando parece saber, ela não compreende a gravidade daquilo. *É como quando uma criança, sozinha, olha para os lados e mete o dedo na tomada. Ela sabe que não deve, por isso olha ao redor, mas ela não faz ideia de que aquilo poderia matá-la. Ela só sabe que é "errado", no limite do que foi ensinada. Assim como quando rabisca a parede e esconde o giz. Ou quando enfia algo no nariz ou no ouvido. Ela percebe que não deve, mas não entende a consequência. Não tem maturidade para calcular os danos.*

Isso vale também para o abuso. Mesmo que a criança participe, mesmo que ela pareça "aceitar", mesmo que haja silêncio, mesmo que ela não chore, ainda assim, ela é **100% inocente**. Porque, aos olhos dela, tudo é confuso. E, muitas vezes, ela está apenas tentando se proteger da forma como consegue.

Foi exatamente assim que vivi.

Por um tempo, os abusos cessaram, depois que uma tia presenciou uma das cenas e ameaçou contar aos nossos pais, ele era sete anos mais velho do que eu. O medo de que meus pais descobrissem o que tinha acontecido entre o tio B e eu, interrompeu aquilo que, na minha cabeça, eu acreditava ter consentido. E, durante esse intervalo, minha mente começou a entender o que era certo, o que era errado, o que era abuso. E, junto com essa compreensão, veio também a culpa, uma culpa que me acompanhou por muitos anos.

E, conforme o tempo foi passando, aquela confusão inocente foi dando lugar a algo mais cruel, mais invasivo, mais assustador. Aos 11 anos, os abusos se intensificaram. Já não era mais só confusão infantil, era violência. Era um adulto tocando, invadindo o meu corpo e a minha mente. Era uma dor que eu não sabia explicar. Eu não sabia nem dar nome, só sabia que doía. Quando os abusos voltaram, eu já sabia o significado dos toques e seus limites, e, assim comecei a experimentar pela primeira vez a dor de ser abusada sexualmente, pois tive a compreensão do que estava acontecendo comigo. Aprendi a chorar em silêncio. E aprendi também a ter medo, medo de apanhar, medo de que descobrissem o que tinha acontecido antes dos meus 10 anos, e o quanto eu me sentia culpada, com vergonha, por isso eu tinha receio de ninguém acreditar em mim. Afinal de contas, aquilo não tinha começado ali.

Meu pai era tudo para mim. Eu não cresci ouvindo isso dos outros, eu sentia isso. Ele era o meu herói. Um homem grande, forte, que eu acreditava que nos protegia de tudo. Mesmo com os castigos, mesmo com o medo de que, às vezes, eu sentia dele... ainda assim, ele era o meu herói.

Porque naquela época, e até hoje, em muitos lares, bater era considerado parte da educação. E eu não via aquilo como maldade. Era só o jeito que os pais "educavam" seus filhos. Mas, ao mesmo tempo, esse medo me paralisava. Porque quando o pai é visto como autoridade absoluta, quando o pai é temido em vez de amado com liberdade, a criança não encontra nele um porto seguro. E aqui eu abro um parêntese:

Seus filhos, quando enfrentam problemas, eles correm para você... ou correm de você?

Muitos pais acham que estão educando com rigidez, mas, na verdade, estão deixando seus filhos sozinhos. Sozinhos na dor, sozinhos nos traumas, sozinhos até nos abusos que sofrem, porque o medo impede a criança de falar. E quando a criança não tem a quem recorrer, ela silencia. E no silêncio, o abuso ganha espaço. Então eu me calei. Como tantas outras crianças se calam. Como talvez você tenha se calado também.

Uma vida sem voz

A minha adolescência foi marcada por um fardo que nenhuma jovem deveria carregar. Durante anos, vivi em silêncio, suportando abusos que se estenderam até por volta dos meus 17 ou 18 anos.

Aos quase 16, iniciei um namoro. Aos 19, estava casada. Mas a verdade é que, naquele casamento, não havia amor. Eu não queria estar ali. Eu não sabia como dizer não. Como poderia recusar um casamento, se nunca consegui sequer revelar que havia sido abusada?

A falta de voz me acompanhava. Era como se minhas palavras estivessem presas dentro de mim. E assim, o casamento acabou sendo apenas a continuidade de uma vida em que as escolhas nunca foram realmente minhas.

E mesmo depois de casada, vivi em um relacionamento abusivo, **sem sequer saber que era violência**. Eu achava que o problema era eu. Que eu era imunda, errada, culpada. E ele? Um homem de Deus. Porque era isso que a religiosidade me ensinava: que o homem é autoridade, que a mulher precisa suportar o insuportável. Que casamento é para sempre, mesmo que o sempre seja um cárcere.

E eu fiquei ali. Sete anos. Sete longos anos de silêncio, de dor, de traição, de doenças. Sim, doenças. Cheguei a contrair uma DST. E mesmo com o diagnóstico médico nas mãos, ainda defendi meu ex-marido. A médica me olhava com compaixão e me dizia que aquilo só poderia ter vindo dele. E eu, cega pela culpa, insisti que não. Que talvez tivesse sido um biquíni de uma prima, ou que talvez tivesse estado ali há anos, ou seja, sempre pensava que, *eu era o problema.*

Você entende o nível de aprisionamento que é esse? Você entende a força da culpa na vida de uma vítima? Por isso, hoje eu falo. Porque muitas mulheres, estão vivendo esse mesmo ciclo. E, como eu, não sabem, acham que são as erradas, que estão exagerando, que é só uma fase. Que se elas mudarem, o outro muda também.

O abuso nunca chega gritando. Ele começa como um sussurro, um olhar reprovador, um comentário que faz você se sentir pequena. No início, pode parecer apenas um jeito intenso de demonstrar amor. Mas, pouco a pouco, você percebe que está se moldando para não desagradar.

Você percebe que pensa duas vezes antes de falar. Que mede palavras, muda o tom de voz, escolhe a roupa com mais cuidado. Tudo para evitar o próximo olhar de reprovação, o silêncio frio, a explosão inesperada.

Se você sente que precisa se esconder dentro de si mesma para manter a paz, algo está errado.

Relacionamentos abusivos corroem a autoconfiança da vítima, e isso acontece de forma sutil. A cada crítica disfarçada de "conselho", a cada brincadeira que machuca, a cada acusação injusta, sua voz interior vai se calando.

Você começa a duvidar da própria percepção. Será que estou exagerando? Será que sou sensível demais?

A pessoa abusiva mina sua segurança, porque quanto mais insegura você estiver, mais fácil será te controlar.

Se alguém faz você duvidar do seu próprio valor, isso não é amor, é abuso.

Vivemos cercados por narrativas que romantizam o sofrimento: o ciúme excessivo como prova de paixão, a insistência como prova de desejo, o perdão incondicional como sinal de força. Mas o amor que machuca, que diminui, que agride, não é amor, é abuso. Amor verdadeiro não manipula, não fere, não sufoca. Amor saudável é construção, respeito, liberdade e cuidado mútuo

E não estou aqui para fazer apologia à separação, não é isso. Estou aqui para dizer que você não é obrigada a viver presa em um relacionamento que te destrói. Você não é obrigada a carregar um jugo que Deus nunca colocou sobre os seus ombros. Deus não é religiosidade, Deus é libertação, é cura, Deus é a verdade. E a verdade liberta

O abuso emocional deixa marcas profundas e silenciosas. É um peso que se acumula por dentro, moldando gestos, silêncios e escolhas. Aos 27 anos, eu me separei depois de quase 12 anos juntos. Mas mais do que isso: ainda não tinha voz. Por fora, parecia uma decisão simples. Por dentro, era uma batalha silenciosa, travada contra medos, culpas e inseguranças que não eram minhas. Aos olhos de todos, eu estava abandonando um homem bom, um marido exemplar, um servo de Deus. Mas só eu e ele sabíamos o que havia por trás, todas as traições, as mentiras, e as doenças que ele trouxe para dentro do nosso lar, como consequência dessas traições. E mesmo assim... eu continuei em silêncio.

Fui levada diante de líderes religiosos, diante de pessoas que supostamente deveriam me acolher, mas que me lançaram pedras. Ouvi de um pastor que eu seria desgraçada, que seria apontada na rua como “a separada”, que jamais seria feliz, que nunca mais encontraria alguém que me amasse. Palavras carregadas de maldição, e eu mais uma vez, me calei. Levei toda a culpa sozinha. Silenciei até mesmo diante da minha mãezinha, que tanto amo, mas que também não entendeu. E isso doeu, porque quando todos enxergam um "homem bom", a mulher que sai da relação é colocada no banco dos réus.

Eu não conhecia a terapia, não sabia colocar em palavras o que sentia. Ainda estava encarcerada psicologicamente, como se minha voz tivesse sido guardada em algum lugar longe de mim mesma. Mas, naquele momento, algo começou a mudar. *Uma força silenciosa nasceu, e a escrita se tornou minha saída.*

Quando a escrita virou saída

E foi assim que pedi o divórcio, através de cartas. Na primeira vez, entreguei o papel em mãos, enquanto estávamos sentados lado a lado, ele leu em silêncio, confuso, foi para a casa dos pais, e ficou lá por uma semana, acreditando que eu mudaria de ideia. Mas a decisão já estava tomada. Dias depois, escrevi novamente e entreguei mais uma vez em suas mãos. Não era apenas um pedido de separação, era a minha verdade colocada no papel.

Naqueles dias, comecei a escrever tudo, não apenas sobre o pedido de divórcio, mas sobre mim, sobre o que eu havia suportado, sobre o que nunca havia dito a ninguém. Escrevia como quem sangra em silêncio, e, sem perceber, transformava a dor em palavra. Foi assim que compreendi que, mesmo sem voz, eu já havia encontrado um caminho para me expressar. A escrita se tornou o meu refúgio, o meu modo de existir quando falar ainda doía mais do que calar.

Com o tempo, percebi que cada linha escrita era um passo em direção à minha própria liberdade. Porque a força, muitas vezes, não se revela em gritos, ela se manifesta na coragem discreta de quem, entre palavras e lágrimas, decide não viver mais aprisionada.

Algum tempo depois, essa carta foi encontrada. Eu já estava divorciada, devia ter por volta de vinte e oito ou vinte e nove anos, quando a carta veio à tona, e não foi somente a minha história que apareceu, veio a dos meus. Soube que ele tinha tentado com a minha irmã e minha prima, e elas conseguiram escapar.

Mas o golpe que me tirou o chão foi descobrir que, na mesma época em que ele retomou comigo, ele começou com o meu irmão, quando ele tinha uns 7 anos. Aquilo doeu de um jeito sem precedentes. Doeu mais do que tudo o que vivi nas mãos dele. Foi como se abrisse um buraco sob os meus pés e eu despencasse inteira.

Eu me culpabilizei por não ter protegido o meu irmão, afinal de contas, sou a irmã mais velha, e os pensamentos que vieram foram cruéis: *como eu não percebi que ele também estava sendo vítima desse abusador? Era para eu ter visto, era para eu ter feito algo*.

Mas é assim com vítimas de abuso sexual, a culpa sempre encontra um jeito de se infiltrar. Naquela época, eu ainda não compreendia que o abusador era ele. Eu não conseguia enxergar que, assim como o meu irmão, eu também era uma vítima.

Procurei um delegado, expliquei para ele tudo o que tinha acontecido comigo e meu irmão, mas não dei andamento. Eram tantos motivos empilhados dentro de mim, pessoas descobrindo tudo de uma vez, inclusive minha mãezinha, eu tentando entender o que calava há tantos anos, o corpo tremendo, o desespero tomou conta de mim. Era um redemoinho de sentimentos e eu, ainda não estava pronta, para contar ao mundo o que tinha acontecido comido.

Hoje eu entendo, que aquele chapéu da culpa que tentou caber em mim, e por um tempo eu até deixei, mas ele não me pertence. Foi por isso que precisei escrever este acréscimo no livro físico. No PDF, essa parte não estava. Talvez devesse estar desde o início, não sei. O que sei é que preciso dizer com clareza: **nós não temos culpa pelo que fizeram conosco, nem pelo que fizeram com os nossos.** Mas quando despertamos, ***temos responsabilidade***, porque o nosso silêncio permite que o agressor siga fazendo novas vítimas. Eu não posso mudar o que passou, mas posso escolher não me calar mais. E é isso que faço aqui: escrevo para romper o ciclo, para que mais nenhuma criança seja ferida sob o peso do nosso silêncio.

Muitos anos se passaram. Eu achava que aquele ciclo estava encerrado, que tudo o que precisava ser dito já estava dito. Mas, de repente, a vida me mostrou que ainda havia mais uma história a ser revelada.

Ela procurou minha irmã e disse que queria ler o PDF desse livro. Falou que algo dentro dela se movia cada vez que via minhas palavras sendo compartilhadas. Eu deixei, não imaginei que aquele gesto simples abriria uma porta tão profunda.

Alguns dias depois, ela me escreveu. Disse que, ao ler o livro, algo nela finalmente se quebrou, e ao mesmo tempo, se libertou. A leitura lhe deu forças para revelar o que escondia há muitos anos. E então, veio a verdade, dura, silenciosa, que *ela tinha sido abusada, sexualmente desde os 13, pelo mesmo agressor, o próprio pai.* Quando li, o tempo parou. A mesma dor antiga voltou, rasgando por dentro o que já parecia cicatrizado. A culpa tentou me alcançar novamente, sussurrando as velhas mentiras da culpa: *"E se você tivesse falado? E se tivesse feito algo?" Se tivesse dado andamento no processo!*

Mas desta vez, não, eu não me deixei paralisar, porque hoje eu entendo que não fui eu quem a abusou, mas compreendo também que o silêncio, o meu, o seu, o nosso, é o ar que permite que o agressor continue respirando impune.

O silêncio não é culpa, mas é chão fértil onde a violência cria raízes. E é por isso que escrevo, para quebrar o eco desse silêncio, para lembrar que a voz que um dia me salvou pode alcançar outras também. Este livro nasceu da minha dor, mas pertence a todos que ainda não encontraram a própria voz.

Se você está lendo estas palavras, talvez seja o seu momento de romper também. De se juntar à minha voz. Porque quando a gente fala, o ciclo se interrompe. E é aí que a cura começa, não somente a sua, mas a todos que podem estar sofrendo nas garras do abusador.

Hoje, olhando para trás, entendo: cada palavra escrita foi um tijolo na reconstrução da minha liberdade. Porque nem sempre a força vem acompanhada de gritos. Às vezes, ela nasce na quietude de quem escreve. E, mesmo em silêncio, decide não viver mais aprisionada.

O Deus que nunca desistiu

Após a separação, a dor de não ser compreendida foi me afastando. Primeiro das pessoas, depois de mim mesma, por fim, de Deus. Eu, que cresci dentro de igreja, que fui ensinada a temer, a obedecer, a servir, comecei a acreditar que minha dor era um escândalo, uma vergonha, algo que poderia manchar o nome do Senhor. Olha que pensamento: como se nós, meros humanos, pudéssemos manchar o nome de um Deus tão grande. Mas eu cri naquilo, e fui saindo de cena. Um abismo foi puxando outro.

Foram quatro anos afastada da igreja, e achei que isso também era me afastar de Deus. Quatro anos tentando encontrar sentido longe da presença d'Ele, e mesmo passando por dores antigas, foi nesse período que tudo pareceu piorar. Porque quando a gente se afasta de Deus, até a dor muda de peso. Ela não grita, ela soterra.

Foi nesse momento que entrei, quebrada, numa igrejinha pequena. Simples. Eu só queria ouvir alguma coisa. Qualquer coisa que fizesse sentido. E lá, ouvi uma missionária dizer uma frase que rasgou meu coração:

"Senhor, eu não sei como... mas eu quero."

Naquele instante, aquela frase virou a minha oração. Eu não sabia como voltar, não sabia como sentir de novo, não sabia nem mais se Deus ainda me queria. Mas eu desejava ardentemente sentir a sua presença mais uma vez.

Queria recomeçar, reencontrar quem eu era, encontrar Deus novamente, não aquele das doutrinas pesadas, das culpas impostas, mas o Deus que morreu na cruz por mim, aquele Deus que nos ama de forma incondicional. O Deus que nunca saiu de perto de mim. Que permaneceu ao meu lado mesmo quando eu O deixei. O Deus que nunca desistiu de mim, nem quando eu mesma desisti.

Foi Ele quem me lembrou que estar viva não era pouco. Era tudo. E é por isso que estou aqui. Porque houve um tempo em que eu achava que Deus só amava os "fortes", os que sabiam orar bonito, os que tinham histórias perfeitas, famílias perfeitas, vidas perfeitas. Eu achava que Ele olhava para mim com decepção, como se dissesse:

"De novo você?"

Mas eu fui descobrindo, aos poucos, que Deus ama os improváveis. E eu sou um deles, uma improvável que foi abusada dos 4 aos 18 anos, que caiu diversas vezes em relacionamentos tóxicos, que tentou suicídio três vezes, que teve medo de palco, que enfrentou a síndrome do pânico, que viveu com fobia social, que adquiriu TAG, que se anulou tanto tentando agradar aos outros, que um dia se perdeu de si mesma, que achava que não sabia amar, nem a mim, nem a ninguém.

E, mesmo assim... Ele me chamou. E continua me chamando, Ele me amou. Talvez você esteja vivendo algo parecido, talvez esteja nesse mesmo lugar escuro onde eu já estive: sentindo que precisa **ser perfeita para ser aceita**, tentando consertar uma culpa que nunca foi sua, lutando em silêncio contra vozes que insistem em dizer que você não é suficiente. Se for esse o caso, eu quero te dizer algo que mudou a minha vida:

Deus não desiste dos improváveis.
Ele chama os que foram descartados.
Os que a religião machucou.
Os que o mundo não quis ouvir.

Você pode ter passado por um caos que nenhuma criança deveria viver. Toda criança merece ser amada, ouvida, protegida, acolhida e validada. Nenhuma criança deveria conhecer a dor do abuso sexual, da rejeição, da violência ou do abandono, não importa se por estranhos, por aqueles que diziam amar, ou, pior ainda, pelos próprios pais, que deveriam acolher, mas foram os que machucaram.

Talvez ninguém tenha escutado você ou validado a sua dor. E pode ser que você tenha se calado por medo de destruir a família, por medo de não ser acreditada, ou por vergonha daquilo que fizeram com você. E hoje, você carrega a dor daquilo que não teve nome. Do que foi ignorado, escondido, abafado. Mas deixa eu te contar uma coisa:

Você não tem o poder de mudar o passado. Mas você tem, sim, o poder de mudar o significado dele.

Ressignificar não é apagar. Não é ***fingir que não doeu***. É dar um novo sentido àquilo que um dia te paralisou. É pegar as cinzas e, com a ajuda de Deus, construir algo novo. Toda vez que você ressignifica o seu passado, você transforma o seu presente, e, consequentemente, você muda o seu futuro.

Deus cura, mas Ele cura geralmente no processo. Ele cura na verdade, cura na consciência, com lucidez. E Ele também usa pessoas para curar pessoas.

A terapia ainda carrega muitos tabus. Alguns acham que é "coisa de maluco". Outros até tentaram ajuda, mas encontraram profissionais despreparados, e acabaram se retraumatizando. Sim, isso acontece, mas não pode ser generalizado. Existem muitos profissionais sérios, sensíveis, humanos e preparados para acolher exatamente a sua dor, e Deus usa esses profissionais.

Porque cuidar da mente é cuidar de si. A impressão que muitos têm é que a mente é algo separado do corpo, como se fosse um acessório. Mas a mente governa tudo, e só lembram dela quando o corpo grita: num AVC, num tumor, numa crise insuportável. Saúde mental é saúde. E negligenciar a mente é se abandonar por dentro, todos os dias.

Há dores tão profundas que você não conseguirá tocar sozinha, e tudo bem, isso não é fraqueza, é humanidade, por isso, não tenha medo de buscar ajuda. Procure alguém qualificado para a sua dor, mesmo que você ainda nem saiba nomeá-la

Convite ao leitor

Este livro não foi feito para te dar respostas prontas. Foi feito para te dar esperança. Para te lembrar de quem você é, e de quem Deus sempre soube que você seria.

Você não é o que fizeram com você. Você é o que sobreviveu. Você é aquela que continua de pé.

Deus nunca desistiu de você*. Mesmo quando você desistiu de si mesma, mesmo quando você não O entendia, ou quando você O culpava, porque não foi Ele quem te machucou. Foi o mal que entrou no mundo, foi o mal que usou pessoas, foi o mal que tentou te calar. Mas Deus... Deus te manteve viva.*

A dor existe, eu sei. Ela não vai desaparecer de uma hora para outra. ***Mas você pode escolher qual dor deseja viver: a dor de continuar onde está ou a dor da mudança.***

E mudar dói, mas dói diferente. Dói com sentido, dói com propósito. Você não precisa fazer isso sozinha, você tem um Deus que te ama, que não vai te rejeitar, que não vai te punir, que não vai te esquecer.

A Bíblia diz:

"Acaso pode uma mulher esquecer-se do filho que ainda mama, de sorte que não se compadeça do filho do seu ventre? Mas ainda que esta viesse a se esquecer dele, eu, todavia, não me esquecerei de ti."

Isaías 49:15

Hoje eu sou prova viva disso, não perfeita, mas viva., não sem cicatrizes, mas inteira. E se eu consegui chegar até aqui, você também pode. Que este livro seja um convite, não para gritar, não para se apressar, mas para voltar a respirar. *Para voltar a sonhar.*

TODOS OS DIAS VOCÊ ALIMENTA A VIDA QUE VOCÊ NÃO QUER VIVER.

Porque o que rege a sua mente domina a sua vida!

Senhor, esta é a minha oração.

Pai, eu coloco agora, diante de Ti, cada filho Teu que se sentiu tocado por essas palavras. Que o Teu Espírito Santo entre onde a dor se esconde. Que Ele abrace o que ninguém vê. Que Ele cure o que os remédios não alcançam. Que este livro seja remédio, seja alívio, mas mais do que isso: que seja recomeço.

Que cada pessoa, ao fechar a última página, **abra um novo capítulo da vida com o Senhor ao lado.** Que ela descubra que não está sozinha. Nunca esteve. Porque o Senhor esteve lá, no silêncio, na dor, e está aqui agora.

Que o passado seja visto com compaixão, o presente com coragem, e o futuro com esperança. Que todo trauma, toda culpa, toda mentira do inferno sejam desfeitas pela Verdade que liberta: **o amor do Senhor nunca falha.**

E se um dia elas duvidarem disso, que este livro seja lembrança. Que cada frase seja semente. Que o Senhor mesmo colha os frutos no tempo certo.

Em nome de Jesus, eu entrego este livro, estas vidas e este chamado. **Tudo é Teu.**

Amém.

Introdução

Este livro nasce de uma travessia real. Foi escrito para quem carrega marcas invisíveis, do abuso, da violência doméstica, do silêncio que adoece, da culpa que nunca foi sua, e para quem acompanha, acolhe e cuida. Aqui, a dor é nomeada com honestidade, e a esperança é apresentada como processo, não como atalho.

Não é um manual de respostas prontas, é um caminho. Em alguns momentos, conto a minha história em detalhes; não para que você olhe para mim, mas para que se reconheça: nas hesitações, nos nós da mente, nas estratégias de sobrevivência, nas saídas possíveis. Quando me coloco, é para mostrar que atravessar é possível, e que essa travessia também pode ser a sua.

Como ler este livro

No seu tempo, alguns capítulos podem despertar memórias difíceis. Se isso acontecer, faça pausas, respire, volte depois.

Com papel e caneta por perto. A escrita terapêutica é ferramenta central aqui, anote, dialogue com o texto, registre o que o corpo sente quando a boca não consegue falar. Este livro não substitui terapia. Se algo acender um alerta, procure um profissional de confiança, alguém qualificado para acompanhar a sua dor.

O que você vai encontrar

Quando a dor ganha linguagem, começamos pela escrita terapêutica: porque ela cura, como se diferencia do desabafo, como abrir espaço interno para que o que estava silenciado comece a se mover.

O corpo que lembra, falamos da confiança básica rompida e do silêncio aprendido na infância; do corpo que registra o que a mente não consegue nomear; da resposta de congelamento que paralisa mesmo "com a porta aberta".

Religião, sexualidade e culpa, tratamos do trauma religioso, do silêncio sobre sexualidade em contextos de fé, da vergonha que confunde a alma, sem atacar a fé, mas separando religiosidade adoecida de um Deus que cura.

As máscaras de sobrevivência, perfeccionismo, controle, compulsões e outras tentativas de anestesiar a dor.

A mente que mente, e pode reaprender, entramos na Neuropsicanálise do trauma: amígdala, córtex pré-frontal, memória emocional, neuroplasticidade, e porque mudar padrões é possível, ainda que exija repetição e prática.

Ansiedade e depressão, sem rodeios, compartilho experiências pessoais para que você reconheça sinais em si e encontre linguagem para pedir ajuda.

Palavra que cura, fé que sustenta, como a fala e a escrita, no tempo certo, com o apoio certo, se tornam ponte; como a fé pode ser casa, não cárcere.

Ressignificação e movimento, dor não se apaga; ganha novo lugar. Fechamos com reconstrução, esperança e o consentimento com a vida, passo a passo.

Por que você lerá tantas vezes "A culpa não foi sua"

Você encontrará ao longo das páginas a repetição intencional de frases como ***"A culpa não foi sua"*** **e** ***"Criança não consente", entre outras.*** Isso é proposital. A dor repetida cria trilhas no cérebro; a verdade repetida também. A neuroplasticidade, a capacidade do cérebro de se reorganizar, é convocada aqui para reprogramar crenças de culpa e vergonha. Se, ao terminar, essa frase estiver martelando em você com convicção, parte da cura já terá acontecido.

O lugar de Deus nesta história

Minha fé não veio para apagar a dor, mas para me acompanhar no processo: na verdade, na consciência, na coragem de pedir ajuda. Não confunda Deus com a religiosidade que machuca; este livro aponta para um Deus que liberta, não que aprisiona.

Um convite

Leia com coragem e gentileza consigo. Quando doer, pare; quando fizer sentido, sublinhe; quando a esperança aparecer, deixe-a ficar, escreva, permita-se, busque apoio. Este texto foi escrito para que você recupere a sua voz e retome o seu caminho, no seu ritmo, no seu tempo.

Se eu atravessei, você também pode. Que estas páginas sejam, para você, o início de um movimento.

Parte 1

O cárcere invisível da mente

Capítulo 1

O que é escrita terapêutica?

Quando a dor não encontra palavras, ela se esconde no corpo, nos gestos, nas repetições. Mas quando damos linguagem à dor, ela começa a se movimentar. É como abrir uma janela num quarto há muito tempo fechado: o ar muda, a luz entra, algo dentro começa a se reorganizar. A escrita terapêutica nasce exatamente desse lugar, não como um exercício de linguagem, mas como um reencontro com a própria alma.

Diferente de diários convencionais ou registros cotidianos, a escrita terapêutica não busca estética, coerência ou forma, ela busca verdade. É uma forma de diálogo interno profundo, um espelho que revela o que muitas vezes não conseguimos nomear em voz alta. Ao escrever, algo se desloca dentro. A caneta ou o teclado tornam-se instrumentos de acesso ao que estava silenciado.

A escrita terapêutica é uma linguagem entre o inconsciente e o consciente. É um espaço onde não há julgamento, onde a dor é legitimada, onde o trauma encontra solo para ser compreendido. Escrever sobre o que sentimos, mesmo que seja confuso, fragmentado ou contraditório, é como dar à nossa criança interior o direito de falar sem censura, sem medo, sem pressa.

Muitos confundem escrever com desabafar. Mas desabafar esvazia. Escrever elabora.

E é na elaboração que mora a cura. A escrita terapêutica nos permite reler, revisitar, reconectar. Ela abre janelas para entendimentos que não seriam possíveis apenas pela fala. A fala escapa, a escrita permanece, e nesse permanecer, ela transforma.

A psicanálise já nos mostrou que o sintoma fala. Que o inconsciente deseja se expressar, a escrita, nesse contexto, é um instrumento poderoso para escutar essa fala silenciosa. **Freud acreditava que tornar consciente o inconsciente era o caminho da cura.** Escrever é uma forma de fazer isso com as próprias mãos.

Winnicott, ao falar sobre o verdadeiro e o falso self, nos ajuda a entender que muitos adultos vivem adaptados, performando personagens para serem aceitos, a escrita terapêutica permite desmontar essas máscaras. Melanie Klein falava sobre o mundo interno povoado por fantasias inconscientes. A escrita dá contorno a essas imagens internas, oferecendo espaço para que encontrem outra forma de existir.

E aqui vale um ponto importante: escrita terapêutica não substitui a terapia, mas ela é uma poderosa aliada. Enquanto a análise nos ajuda a interpretar, a escrita nos ajuda a expressar. É como andar com as duas pernas uma permite avançar, a outra sustenta o passo, juntas, elas promovem equilíbrio.

Na Neuropsicanálise, já compreendemos que o ato de escrever ativa circuitos cerebrais ligados à memória, à emoção e à ressignificação. O cérebro, ao escrever, se reorganiza. A escrita não apenas registra, ela transforma, ela ajuda na ressignificação.

Por isso, ao iniciar este livro, lembre-se: você não precisa escrever bem, precisa apenas escrever com **verdade**. Este é um espaço seguro, onde você poderá se ouvir, talvez pela primeira vez, com profundidade. Aqui, não há certo ou errado, há apenas **você**. E isso já é suficiente para começar.

"Quando você escreve com alma, não há como mentir para si mesma."

Como usar a escrita como ferramenta de cura

A escrita terapêutica não é apenas um exercício emocional. É um mergulho, um gesto de coragem. Escrever para se curar é atravessar a névoa da dor com as próprias palavras, é abrir espaço para que a verdade interna se revele com honestidade e compaixão.

Diferente de simplesmente relatar o que aconteceu, a escrita terapêutica convida à elaboração. Ela permite que a pessoa não apenas conte, mas compreenda, não apenas descreva, mas ressignifique. É uma forma de escuta ativa de si mesma, e essa escuta muda tudo.

Escrever para curar não é só sentar e despejar palavras. É estar presente no processo, é dar voz ao que ficou preso, congelado, silenciado, permitir que o corpo, que muitas vezes guardou em forma de tensão aquilo que a boca não conseguiu dizer, encontre um canal de expressão.

A escrita como ferramenta de cura exige tempo, silêncio, disposição. Não é algo que se faça apressadamente, *é* preciso deixar que as palavras venham sem filtro, sem censura, sem vergonha. Elas não precisam fazer sentido imediato, e apenas precisam sair.

É como se, ao escrever, a mente pudesse organizar aquilo que parecia caos. O trauma, como explica Gabor Mate, não está apenas no que nos aconteceu, mas naquilo que não pôde ser dito, sentido ou compreendido no momento em que vivemos. A escrita permite que a pessoa volte lá, naquele lugar, naquela emoção, mas agora com outro olhar, outro tempo, outro suporte.

O papel vira testemunha, a caneta, uma ponte, e nesse ritual simples, mas profundo, algo se transforma.

Mas há um ponto essencial aqui: a escrita só será verdadeiramente terapêutica se houver conexão. Não adianta escrever apenas para relatar, é preciso sentir, mergulhar, atravessar. Permitir que aquela escrita te atravesse de volta. Que ela traga lágrimas, calafrios, incômodos, porque é sinal de que algo está sendo tocado, e só o que é tocado pode ser curado.

Por isso, este livro não é só um convite à escrita. **É um convite ao encontro. Um encontro com sua história, sua dor, sua criança ferida, seus silêncios.**

E você não precisa fazer isso tudo de uma vez. Cada palavra é um passo. Cada parágrafo é um movimento. Às vezes, a cura vem em ondas, em suspiros, ela começa quando você escreve aquilo que nunca teve coragem de dizer. Então escreva. Escreva com a mão trêmula, com a alma rasgada, com o coração cheio de dúvidas. Escreva até que as palavras virem ponte. Até que você comece a se escutar. E, aos poucos, a se reencontrar.

"Nosso cérebro funciona como um GPS: se você mudar o percurso, ele vai avisar o tempo todo que você está errada.

Mas quando você persiste, ele recalcula e aprende."

Capítulo 2

Quando o corpo guarda um segredo que a boca não consegue dizer

Há um tribunal que muitas sobreviventes carregam por dentro. Não tem capa preta, não tem martelo, mas julga sem piedade. Nele, a mulher adulta de hoje se senta no banco do juiz e chama para depor a menina que ela foi. A adulta pergunta alto, como quem exige lógica de quem só tinha medo: *"Por que você não gritou? Por que não contou? Por que não bateu à porta e saiu?"*.

A criança, pequena demais para a altura da mesa, tenta responder com um corpo que treme e uma garganta que não dá som. E então a sentença cai: culpada. Não a culpa por um ato que você cometeu, mas aquela culpa que se aloja nas dobras da pele e sussurra: "Você devia ter feito diferente." **Esse tribunal é injusto desde a primeira linha da ata, porque mede a infância com a régua da fase adulta.**

Você não tinha as ferramentas que tem hoje. O cérebro de uma criança ainda está em construção. Diante de uma ameaça que vem de onde deveria vir abrigo, o corpo aciona respostas automáticas de sobrevivência. Há quem lute, há quem fuja, mas muita gente congela. Congelar não é escolher; é o sistema nervoso cortando o barulho para você não se estilhaçar. Outras vezes, a criança agrada" e obedece, não porque quer, mas porque aprendeu que, se ceder, dói menos e passa mais rápido.

Isso se chama sobrevivência. O silêncio, a paralisia, o consentimento aparente não foram sinais de fraqueza moral; foram portas de emergência que o seu corpo abriu para manter você viva. Você não falhou, você respirou. **E respirar era tudo que você podia fazer naquele momento.**

Quem tinha dever, força, linguagem e liberdade para impedir, ou nunca começar, foi o adulto. Quem manipulou, confundiu, ameaçou, distorceu, foi o adulto. Quem tinha ossos maiores, voz mais grave, poder social, foi o adulto. **Culpa pertence a quem viola, não a quem é violada.**

O abuso sexual na infância é uma ferida silenciosa que, muitas vezes, não deixa marcas visíveis. É um trauma que se instala onde poucos conseguem enxergar: no medo de falar, na vergonha de existir, na culpa que corrói por dentro. Não é só o ato em si, é tudo o que acontece antes, durante e principalmente depois. É o silêncio forçado, é o "engole o choro" disfarçado de normalidade, é o "não fale nada ou vai destruir a família". E a criança engole tudo.

Mesmo em lares amorosos, abusos podem acontecer. O agressor nem sempre é o inimigo declarado; às vezes, está justamente no ambiente que deveria oferecer segurança. E isso confunde ainda mais, porque a vítima não sabe odiar, não sabe reagir, não sabe sequer dar nome ao que está acontecendo.

Muitos nunca contam a ninguém. Não porque não doa, mas porque o medo de apanhar é maior, a vergonha de ser exposto é maior, a sensação de culpa pesa ainda mais. Em uma cultura em que se acreditava que bastava apanhar para aprender, o medo paralisa. Ele cala, silencia, e o silêncio pode acompanhar por anos.

A maioria das vítimas não conta, não é porque não quer, é porque *acredita que a culpa é dela.* A criança pensa que fez algo errado, que provocou, que não gritou o suficiente, que se tivesse reagido, aquilo não teria acontecido. E ela guarda esse pensamento como uma verdade absoluta.

O que muita gente não entende é que abuso não é apenas o ato extremo que todos pensam. O estupro é a forma mais violenta e visível. Mas há outros tipos de abuso, e eles também deixam marcas. Abuso é quando alguém te toca sem consentimento. Abuso é quando alguém te obriga a ver o que você não deveria ver ou quando alguém fala o que uma criança não está pronta para ouvir. Quando a brincadeira passa dos limites. Quando alguém invade sua privacidade, sua intimidade, sua inocência. Tudo isso é abuso. E tudo isso fere.

E assim, a dor que já era imensa se transforma em culpa, em vergonha, em silêncio, essa culpa não desaparece com o tempo, ela se transforma. Vira baixa autoestima, autossabotagem, relações abusivas, medo de confiar, dificuldade em se posicionar. A vítima cresce com o peso de acreditar que é o problema. E o mundo, muitas vezes, reforça isso.

A dor do abuso sexual na infância não termina na infância. Ela continua **reverberando** na adolescência, na vida adulta, nos relacionamentos, na forma como a pessoa vê a si mesma e ao mundo. E essa dor só começa a cicatrizar quando a vítima entende que:

"Você não tem culpa. Nunca teve. Você era só uma criança tentando sobreviver ao que ninguém deveria ter vivido."

Hoje eu entendo isso, mas por muitos anos, eu também achei que era tudo culpa minha. *E é por isso que esse livro existe.*

Para ser a voz que eu não tive.

Para acolher as dores que tantos ainda escondem, por medo, por vergonha ou porque nem sequer conseguem nomeá-las. Para ser o abraço que faltou, a palavra que nunca chegou, a mão estendida quando tudo parecia ruir. Para mostrar que a cura começa, de verdade, no instante em que deixamos de nos culpar pelo que vivemos, e nos permitimos ouvir a nossa história com compaixão.

Quando paramos de nos calar, começamos a nos encontrar. Quando nos escutamos com verdade, damos os primeiros passos em direção à libertação. **Esse livro nasce desse lugar: do desejo profundo de transformar dor em caminho, silêncio em voz, fragmentos em inteireza.**

Quando a adulta que você se tornou volta à cena com as palavras de hoje para julgar a criança de ontem, ela comete uma segunda injustiça: transforma a estratégia que salvou a sua vida em motivo de condenação. É como olhar para um bote salva-vidas amassado e acusá-lo por não ser um navio. A culpa injusta tem dentes afiados, e mastiga devagar. No começo ela parece prudência: “Eu deveria ter sabido.” Depois vira sentença: “Eu não presto.” E, com o tempo, vira teologia distorcida: “Se eu valesse alguma coisa, Deus teria me defendido.”

A culpa assim se mistura à vergonha, e a vergonha é uma lente que não só acusa o que você fez, como tenta reescrever quem você é. Não existe culpa saudável o que existe *é* assumir seus erros e dizer: “Eu errei.”, mas a vergonha e a culpa tóxica dizem: “Eu sou o erro.” É essa mistura que paralisa, que aduba a depressão, que te torna vulnerável à violência de hoje, porque quem acredita que não vale nada aceita migalhas como quem aceita destino. Você não nasceu para migalhas.

Não é o que fizeram com você que decide o seu valor.

Repare como a memória volta, ela não volta como um filme com som em 4K. Volta como flashbacks, buracos, cheiros, o barulho de uma porta, o peso de uma mão, um domingo qualquer. Traumas são assim: fragmentam o tempo e a linguagem. A cabeça de uma criança não arquiva com a lógica de um inquérito; arquiva com a urgência de sobreviver.

Quando mais tarde você tenta reorganizar as cenas, o tribunal interno transforma lacunas em provas contra você. “Se eu não lembro, é porque eu quis.” Não, se você não lembra por inteiro, é porque sua mente guardou você de quebrar por inteiro. O apagamento não é prova de vontade; é prova de possíveis dores.

Há quem peça que você seja “racional” com a própria história, mas antes da razão, vem a justiça. E justiça, aqui, é recolocar as coisas em seus lugares. Devolver o peso a quem o gerou. Você pode fazer isso sem ódio, com firmeza, sem gritar, dizer, olhando para a menina que você foi:

"Pequena, eu não vou mais te julgar com a régua de agora. Eu vejo seus pés curtos no chão frio, vejo seu coração batendo no pescoço, vejo sua inteligência aprendendo, em segundos, o que leva anos para explicar: como ficar viva."

E, virando-se para as figuras adultas que falharam, afirmar: **"Eu devolvo a vocês as responsabilidades que nunca foram minhas."** Esse movimento não apaga o passado, mas rompe a amarra que te arrastava.

Há uma dor específica para quem cresceu em ambientes religiosos onde a ferida foi recoberta por versículos mal-usados. Você pode ter ouvido que "faltou fé", que "você atraiu", que "perdoar é esquecer".

Amor não acusa sobrevivente, o amor não exige que uma criança faça o que um adulto deveria ter feito. Se a fé faz parte da sua vida, que ela seja abrigo e não tribunal. Deus não te treinou para suportar violência; te sustenta para desaprender a confundi-la com amor.

A culpa que paralisa não só te prende ao passado; ela te impede de receber o que é bom no presente. Você se sabota para confirmar a sentença do tribunal interno. Recusa oportunidades, escolhas saudáveis, gente que cuida, porque lá no fundo a sentença sussurra: "Não mereço."

Quebrar essa sentença é trabalho de paciência: desmenti-la com fatos, cercar-se de gente que é abrigo, aprender a falar consigo como se fala com quem se quer bem. Você não é o que aconteceu, nem o que disseram de você, nem a forma como aprendeu a sobreviver. Você é a mulher que hoje pode escolher outro final para a mesma história.

Talvez ainda exista uma parte sua que teme soltar a culpa, como se ficar com ela garantisse algum controle. É comum. A culpa dá a falsa sensação de que, se o erro foi meu, no futuro eu consigo impedir alguém de me fazer mal. Largar a culpa é aceitar que houve coisas maiores do que você. Porque, sem a culpa ocupando suas mãos, sobra espaço para segurar a própria vida com mais cuidado.

Se eu pudesse te emprestar meus olhos por um minuto, eu te mostraria a cena como ela foi: uma menina tentando entender o mundo com pouco ar e muita coragem. Eu te mostraria que o **"não ter feito nada"** era o máximo que se podia fazer sem se perder mais. Eu te mostraria que a sua luz não foi apagada; foi escondida num lugar seguro. E que agora, adulta, você tem mãos para buscá-la, voz para nomeá-la, casa nova para acendê-la. O que um dia foi armadura hoje pode virar lembrança agradecida:

"Obrigada, silêncio, por me proteger quando falar era perigoso. Obrigada, obediência, por encurtar a noite. Obrigada, corpo, por me manter viva.
Porém, agora não preciso mais de vocês desse jeito.
Eu cresci."

Não se mede culpa com a régua da sobrevivência. Se mede com a régua da responsabilidade. A sua tarefa era brincar, aprender, existir, a deles era proteger, sustentar, impedir. Que cada um carregue o que é seu. Quando esse ajuste acontece por dentro, algo muda de lugar: a depressão perde o chão, a vergonha enfraquece, a voz volta a ter dono. Não de uma vez, não sem recaídas, mas volta.

Você não precisa provar nada a ninguém para merecer paz. Não precisa acertar sempre para merecer amor. Não precisa carregar culpas antigas para justificar o cuidado que recebe hoje. Você não é a ré da sua história; você é a autora a partir daqui, e autora não apaga o capítulo antigo; autora escreve o próximo com outra tinta.

Se alguma frase ainda lateja, *"Eu não valho nada"*, *"Eu devia ter feito"*, *"Eu estraguei tudo"*, saiba: essas frases não nasceram em você. Foram escritas dentro de você por mãos alheias. Hoje, com mãos adultas e coração inteiro, você pode riscar, reescrever, respirar.

A menina de ontem, não precisa mais se defender. A mulher de hoje, não precisa mais se culpar. Entre uma e outra, existe uma ponte: o seu olhar sem julgamento. É por essa ponte que a culpa cai, e você passa.

E quando você passa, não passa sozinha: muita dor silenciosa vai perdendo força atrás de você. O nome disso não é amnésia, é amor no lugar certo.

É vida, enfim, voltando a caber.

Capítulo 3

Quando a porta está aberta, mas a mente ainda está presa

Por que tantas vítimas de abuso não reagem? Por que, mesmo quando a porta já não tem tranca, elas continuam dentro da cela? Por que o corpo cresce, mas a alma permanece presa em um tempo congelado, onde tudo ainda dói

Ela estava sentada no canto do quarto, os joelhos encolhidos contra o peito. O corpo parecia maior do que anos atrás, mas por dentro ainda era a mesma menina de seis anos que um dia tremeu em silêncio. O mundo à sua volta já tinha mudado: não havia mais gritos, mas havia mãos invadindo seu espaço. A porta, de fato, estava aberta, mas na mente dela, ainda era como se estivesse trancada por mil cadeados invisíveis. Se alguém passasse por ali, diria: *"É só se levantar e sair."* Mas dentro dela a cena congelava sempre no mesmo ponto: o coração acelerado, o nó na garganta, a certeza de que nada adiantaria. O corpo crescido carregava uma alma paralisada.

Quando essa criança cresce, o corpo muda, a idade avança, mas, diante de qualquer situação de ameaça, a mente retorna para aquele mesmo lugar: o espaço da menina indefesa que um dia se sentiu frágil, sozinha e sem opção.

É por isso que não reagir não é covardia. Não gritar não é consentimento. Não sair não é escolha. É a criança ferida ainda respondendo dentro do adulto presente. *Não é prazer em sofrer*. É o trauma infantil que, como bem explicam Gabor Maté e Bessel van der Kolk, fica registrado no corpo, nas emoções e até no modo como o cérebro interpreta a realidade. A mulher adulta pode ter força, inteligência, independência. Mas quem reage ao perigo é a criança ferida. E essa criança não sabe lutar nem fugir. Ela apenas congela, ou reage como sempre reagiu.

O experimento de Martin Seligman sobre o *desamparo aprendido* ajuda a compreender. Cães colocados em jaulas recebiam choques sem possibilidade de fuga. Depois de inúmeras tentativas frustradas, desistiram. Quando a porta foi aberta, permaneceram parados. Haviam aprendido que lutar não adiantava, e, por isso, não tentaram mais.

Assim também acontece com vítimas humanas. Quantos adolescentes, mulheres, homens, vivem assim? Ouvem conselhos como: *"denuncie", "vai embora", "não aceita mais isso"*, mas estão psicologicamente paralisados. Isso é a *inação psicológica*: um estado em que a mente bloqueia qualquer ação, mesmo quando existe uma saída. A porta está aberta, mas a pessoa não acredita que conseguirá atravessar.

É como se o trauma tivesse colado a alma àquele quarto antigo. A mente repete: "você não consegue", "não adianta tentar". Essa voz ecoa da experiência de ter tentado pedir ajuda e não ter sido ouvido. A dor antiga cria uma convicção: "ninguém vai acreditar em mim, ninguém vai me proteger". O silêncio, então, passa a ser a forma de sobreviver. E aquela voz interna, insistente, diz:

"Foi você que causou isso."
"Se tivesse reagido, não teria acontecido."
"Você deixou."

Mas você era só uma criança. Uma criança que não entendia completamente o que estava acontecendo, porque quando o abuso começa cedo, ele não vem com nome. Às vezes, vem disfarçado de carinho, vem com palavras doces ditas por quem deveria proteger. E quando a vítima tenta entender, escuta que é normal, que é amor, que é segredo de família. O problema é que o mundo não entende, as pessoas olham para meninas, "mulheres" de 17, 18, 25 anos e julgam:

"Mas ela já era adulta, por que não saiu?"

Mas elas não veem o congelamento. Não enxergam a dissociação. Não compreendem o que é viver em **stand-by,** com o corpo presente, mas a alma escondida, refugiada num lugar onde a dor é menos insuportável. Não é que a vítima aceita. Não é que ela se acostuma. É que o corpo entra em modo de sobrevivência. O cérebro ativa seus mecanismos mais primitivos para suportar o insuportável. É por isso que muitas não gritam, não reagem, não denunciam, porque não conseguem. Não é rotina, é prisão.

É um cárcere invisível da mente.

Que paralisa, que silencia, que fere todos os dias, e ainda assim, a pessoa segue "vivendo", existindo, tentando parecer ***"normal"***. Mas por dentro, está fragmentada. O que ninguém vê, é que aquela "adulta" ainda é a mesma criança que, anos atrás, foi silenciada. A mente ficou presa no tempo, o corpo cresceu, mas a alma parou onde começou a dor.

É como aquela metáfora do elefante: pequeno, ele é amarrado a uma estaca e tenta se soltar. **Luta, resiste, se esforça, mas não consegue, e um dia, simplesmente**

desiste. Cresce, vira um animal enorme, forte, capaz de arrebentar qualquer corrente. **Mas não tenta mais**. Porque aprendeu que **não adianta tentar**. A mente ainda é do tamanho de quando ele era filhote.

Assim é a mente da vítima de abuso. Ela continua achando que não pode, que não consegue, que não tem saída. E por isso, fica, mesmo depois dos 13, mesmo depois dos 18, ou dos 25.

A vítima acredita que fez algo para merecer. Que podia ter evitado, ou ter falado, ou gritado. Mas não gritou, não falou, congelou. **E o congelamento não é uma escolha, é uma resposta automática do cérebro tentando sobreviver.** Não é regra, não é fórmula, a mente não obedece a manuais, ela reage como pode, como aprendeu, como conseguiu.

Pode ser luta, pode ser fuga, pode ser Congelamento. E isso depende de como a pessoa está naquele momento. Depende da sua história, da sua dor, do seu medo. E mesmo profissionais, pessoas instruídas, fortes, experientes, podem congelar. Porque não se trata de saber, se trata de como está sua saúde emocional naquele momento.

E quando a dor ativa um trauma antigo, o corpo volta para o lugar onde tudo começou. Volta para a infância. Para o quarto escuro. Para o silêncio. É importante dizer também que o abuso sexual vai além do estupro. Começa muito antes. Nos olhares que incomodam. Nos toques que invadem. Nas palavras que parecem brincadeira, mas machucam. Nas aproximações disfarçadas de afeto.

E ninguém ensina à criança que aquilo é errado. Ela não tem referência dos limites que ela pode impor ao outro. Não sabe a quem recorrer, sente que algo está estranho, mas não consegue nomear. E o trauma se instala, muitas vezes em silêncio, sem ninguém perceber.

O abuso que atravessa o tempo, e a alma

A vida segue. Ela cresce. Estuda, trabalha, casa, tem filhos. Mas dentro dela ainda vive aquela criança que precisou ser forte demais para sobreviver sozinha. Ainda vive o medo, a vergonha, a culpa, essa culpa que não nasceu com ela, mas que foi colocada em seus ombros como um segredo pesado demais para carregar.

Por fora, muitas vezes, tudo parece normal. Ela sorri, cuida, produz. Mas por dentro carrega fragmentos de si mesma. Outras, já não conseguem esconder. O corpo adoece. A alma grita. A raiva transborda. E então surgem os rótulos: "difícil", "explosiva", "amarga", mulheres poli queixosas.

Mas ninguém se pergunta o que essa mulher enfrentou, não entendem que ela se armou para não ser ferida de novo. Que sua dureza é, na verdade, escudo, que sua frieza é uma tentativa de controle, ou sua raiva é dor represada. Ela sobreviveu. E sobreviver, às vezes, exigiu se esconder, outras vezes, exigiu lutar. Mas sempre deixou marcas. E essa culpa cria um pacto de silêncio.

"Se eu falar, eles vão me odiar."

"Se eu contar, ninguém vai acreditar."
"Se eu mostrar quem sou, vão ver que sou suja."

Esse pacto aprisiona. E faz com que a pessoa aceite o inaceitável, tolere o intolerável, aguente o que não deveria ser suportado. Mas hoje, escrevendo isso, eu não sou mais aquela menina, eu sou a mulher que sobreviveu, e que agora vive, e entende que **a culpa nunca foi minha**, **nem sua**. O abuso nunca é responsabilidade de quem sofreu. **Nunca**.

E talvez você, ao ler isso, esteja lembrando da sua própria história. Talvez esteja sentindo um nó no peito, uma lágrima querendo cair, ou esteja entendendo agora algo que nunca teve coragem de nomear. Se for assim, respira. Você não está sozinha, sua história importa, sua dor importa.

O que foi feito com você ***não define***

quem você é!

Essa é a prisão invisível, o perigo pode até ter acabado, mas o corpo e o cérebro continuam reagindo como se ainda estivessem diante da ameaça. O sistema nervoso fica programado para viver em alerta constante. **O familiar, mesmo sendo destrutivo, parece mais seguro do que o desconhecido**. O medo de sair se mistura com a sensação de impotência.

Muitas vítimas têm a **dissociação, e** é uma das reações mais complexas e misteriosas do psiquismo humano diante do trauma. Quando algo é insuportável demais para ser vivido, elaborado, a mente se divide. Uma parte continua ali, no corpo, suportando o acontecimento. A outra se afasta, observa de longe, ou simplesmente some, como se flutuasse para um lugar seguro. É um **mecanismo de defesa extremo**, inconsciente, criado para que o ser humano não enlouqueça diante do horror.

Durante o abuso, a vítima pode ter a sensação de estar fora de si, assistindo à cena como espectadora. É o corpo que sente, mas a mente "desliga". Eu me lembro de sentir isso, como se estivesse dentro de uma couraça, sentindo o que acontecia, sem poder impedir, mas também sem estar totalmente ali. Era o meu corpo que era tocado, mas eu estava escondida dentro de mim.

A dissociação pode levar a uma fragmentação do eu. É como se a pessoa deixasse de ser uma só, uma "parte" que lida com o agressor de dia (função adaptativa), e outra que revive o terror quando o corpo e a mente se desligam das defesas (geralmente à noite). À noite, eu era aquela que sofria, aquela que enfrentava um ser que não tinha rosto humano, uma presença sombria, quase monstruosa. Durante o dia, eu convivia com o agressor como se nada tivesse acontecido, o tio B, e ele fazia parte da minha rotina, mas à noite, era outro ser, era o agressor, era o mal. Essa cisão me acompanhou por anos.

Em situações extremas, essa divisão pode evoluir para formas mais graves de dissociação, conhecidas na ciência como **Transtorno Dissociativo de Identidade (TDI)**, quando partes da personalidade se separam completamente, sem lembranças ou consciência umas das outras.

E essa desconexão pode permanecer na vida adulta. Às vezes, isso acontece de forma tão sutil que ninguém percebe.

Algumas vezes você dirige e, de repente, já está em casa, sem lembrar o caminho, ou a pessoa está conversando, mas sua mente vai embora. Eu mesma já me vi assim. Em uma roda de conversa, preciso me concentrar ao máximo, porque qualquer distração me faz "viajar". De repente, minha mente começa a criar histórias que não têm relação alguma com o que está sendo dito. Quando volto, percebo que não faço ideia do que estavam falando ou do que acabou de acontecer. É como se eu tivesse saído de mim por alguns minutos.

Nessas horas, preciso me puxar de volta, me chamar para o presente, como quem puxa um fio invisível e a amarra novamente no corpo. Isso exige esforço, consciência e cuidado, porque a mente, acostumada a fugir, precisa reaprender a permanecer. É como se a mente tivesse facilidade de "sair" para um outro lugar.

Isso não é desatenção, nem TDAH. É a mesma **fuga mental aprendida lá atrás**, quando o trauma aconteceu. O cérebro aprendeu a se proteger desligando. A neurociência explica que essa capacidade vem de áreas como o **hipocampo, a amígdala e o córtex pré-frontal**, que entram em colapso durante o trauma e interrompem a integração da experiência. A mente, para continuar existindo, se divide. E essa divisão, quando não é tratada, pode durar uma vida inteira.

Muitas vítimas crescem, mas continuam sendo abusadas. A culpa que carregam não vem só de dentro, vem também dos olhares e das palavras que as cercam. Quando uma mulher tenta falar, as pessoas raramente entendem.

Contar o abuso infantil é, de certo modo, "compreensível que a criança não consiga sair daquele abuso", há compaixão, há solidariedade, e tem que ter mesmo, e salvar essa criança de todos esses abusos que ela estiver vivendo, mas quando a vítima revela que o abuso continuou na adolescência, ou mesmo na vida adulta, a reação muda, o julgamento vem rápido: *"Mas você já sabia o que estava acontecendo." "Você já podia ter feito alguma coisa."*

O que esquecem é que ninguém sobrevive há anos de violência sem consequências. **A mente de quem viveu o cárcere é diferente da mente de quem sempre foi livre.** Imagine alguém sequestrado, confinado durante anos em um quarto escuro. O corpo definha, a alma se retrai, o olhar se apaga. Quando essa pessoa é libertada, não volta a ser a mesma. Ainda que o corpo esteja livre, a mente permanece prisioneira por um tempo, às vezes por uma vida inteira.

É isso que muitos não compreendem, a vítima de trauma complexo, seja ele abuso sexual ou qualquer outro, não vive segundo a lógica de quem nunca foi ferido. Por isso, o julgamento é injusto. Quem aponta o dedo, geralmente nunca passou por esse tipo de dor. A mente traumatizada não é fraca, é uma mente que aprendeu a sobreviver em condições que outros não suportariam por um único dia.

E talvez, até aqui, você tenha se reconhecido em cada palavra, em cada silêncio descrito. Talvez tenha sentido o coração acelerar, ou as mãos suarem. Isso é a sua história respondendo à minha. Este não é um livro para te comover. É um livro para te fortalecer. Ele foi escrito para te lembrar que você ainda tem voz, mesmo que ela saia trêmula, mesmo que ainda seja um sussurro.

Cada página foi pensada como um alimento para a alma, um abrigo para os dias em que o peso parecer insuportável. Que, no decorrer destas páginas, você encontre forças para lutar por você.

Que as palavras aqui te sirvam de sustento, de mecanismo, de impulso, para que você se levante, se reconecte com a vida e, sobretudo, volte a existir inteira. Porque a cura não é esquecer o que aconteceu.

A cura é aprender a viver apesar do que aconteceu.

Se você sente que está presa, mesmo com a porta aberta, lembre-se: você não é fraca.

Você sobreviveu. A sua mente congelou para te proteger. Mas hoje você é adulta. Hoje pode caminhar, mesmo devagar.

E cada passo fora da cela é um milagre silencioso da reconstrução.

Capítulo 4

Quando o corpo reage antes da mente entender

Nem todo pânico vem de uma ameaça real. Às vezes, vem de uma memória que o corpo ainda carrega mesmo quando tudo ao redor está seguro.

Eu era adolescente, ativa na igreja, e como acontece com muitas meninas nessa fase, os olhares começam a se cruzar. Havia um rapaz do meu grupo de jovens. Ele era educado, gentil, da igreja também. A gente trocava olhares, falava aqui e ali, eu já gostava dele. E um dia, ele me chamou para ir à casa dele depois da Escola Dominical, disse que os pais estariam lá, e estavam, me senti segura.

Lá, a família foi muito receptiva, me trataram com carinho. Ele se aproximou de mim com todo cuidado, colocou a mão sobre a minha mão e ficou fazendo carinho. Um toque simples, doce, respeitoso, mas dentro de mim... foi como se o chão tivesse desaparecido. Uma tempestade emocional se formou. Por fora, eu sorria, por dentro, eu gritava: *"Não me toca! Sai de perto de mim! Eu não quero isso!"* E eu queria, sim, estar com ele, queria aquele carinho. Mas o meu corpo reagia como se fosse uma ameaça. Eu pedi para ir embora, ele tentou me tranquilizar, disse que não me forçaria a nada. Chegou a me encurralar levemente na parede, com as mãos dos dois lados, e, para qualquer pessoa de fora, aquilo era um gesto romântico, típico de um pedido de beijo. Mas para mim foi desespero.

Saí correndo, literalmente, pela rua. Atravessei sem olhar, só queria fugir. Naquela época, eu não entendi o que aconteceu, hoje, eu entendo: meu cérebro não reconhecia aquele toque como afeto, mas como agressão. Mesmo sendo carinho, minha mente associou aquele momento a todos os toques abusivos que eu já havia vivido e continuava vivendo. A mente traumatizada age por associação.

O trauma ensina o cérebro a reagir automaticamente a qualquer coisa que lembre a dor, mesmo que seja algo seguro. É como um alarme de incêndio que dispara não só quando há fogo, mas também quando uma panela solta fumaça. O barulho toma o prédio inteiro, todos precisam sair, mesmo sem perigo real.

Assim também é com o cérebro traumatizado. A amígdala, que dispara os alarmes do medo e da sobrevivência, reage antes da consciência entender o que está acontecendo. E, quando ela assume o controle, o córtex pré-frontal, responsável por pensar com clareza, decidir e avaliar a realidade, fica em silêncio.

Ou seja, a pessoa não pensa, apenas reage. E a reação não é frescura, não é drama. É o cérebro dizendo:

"Isso parece com algo que me machucou, preciso fugir."

Quando o toque do outro ativa o trauma que ainda vive em nós, é por isso que tantas mulheres, mesmo adultas e casadas, ainda se assustam com um simples toque do cônjuge durante a madrugada. Ele a abraça com ternura, ela reage com gritos, pânico, empurrões, e depois se pergunta:

"Por que eu fiz isso?"

A resposta está no corpo que ainda carrega memórias de dor. Está na mente que associa o toque ao abuso, mesmo que o toque atual seja de amor. Esse tipo de projeção acontece com muita frequência em pessoas que viveram abuso sexual. O toque de um namorado, o carinho de alguém que a ama, pode acionar gatilhos invisíveis. E isso leva à confusão interna, à culpa, ao afastamento, e, muitas vezes, ao fim de relações que poderiam ser saudáveis. Não era ele, **era a memória.**

Naquele dia, na casa daquele rapaz, não era ele que me ameaçava. Era a lembrança de todos os toques que eu havia vivido. Era o meu cérebro me dizendo que aquilo era perigoso, mesmo sem ser. E é exatamente por isso que a compreensão neuropsicológica é tão necessária. Para entender que essa menina que fugiu, que sentiu pânico, que não conseguiu se entregar a um carinho... ela não era estranha, ela estava ferida, ela estava funcionando no modo automático de sobrevivência que o trauma ensinou.

E enquanto esse trauma não for tratado, ele continuará se repetindo. Em outras mãos, em outros toques, em outras histórias. Quando o corpo reage antes da mente entender. Algumas pessoas, especialmente aquelas que viveram abusos, passam anos da vida tentando entender por que o corpo reage de formas inesperadas.

Por que, mesmo com um parceiro respeitoso, o toque causa repulsa? Por que o carinho machuca? Por que a vontade de fugir aparece, mesmo quando o coração quer ficar? Esse tipo de pergunta é mais comum do que se imagina. E não tem nada a ver com falta de amor, com frieza, ou com falta de espiritualidade. Tem a ver com o funcionamento do cérebro após um trauma.

"Traumas não são apenas eventos que aconteceram no passado. Eles são impressões que o corpo carrega no presente."

Bessel van der Kolk, em O Corpo Guarda as Marcas. Quando uma pessoa sofre um abuso, o cérebro grava aquela experiência como um alerta de perigo. E essa memória não fica só na mente: ela se instala no corpo. A região do cérebro chamada amígdala cerebral é responsável por detectar ameaças e disparar respostas automáticas: congelar, fugir ou lutar. Quando a amígdala está hiperativada, ela toma o controle. E o córtex pré-frontal, a parte racional que analisa os fatos, simplesmente é silenciado. A pessoa não pensa, ela apenas sente, ela apenas reage.

"A mente emocional reage mais rápido que a mente racional. Por isso sentimos antes de entender." Joseph LeDoux, especialista em neurociência do medo.

Foi isso que aconteceu comigo. Eu queria muito aquele namoro. Aquele rapaz era educado, gentil, respeitoso, estávamos na casa dele, com os pais, conversando. Mas quando ele segurou minha mão, algo em mim disparou, um grito interno, um medo irracional, um desespero que me fez sair correndo. Por quê? Porque meu cérebro reconheceu o toque como uma ameaça.

Porque os toques que eu havia recebido até então não vinham com amor, mas com dor. Meu corpo estava apenas repetindo a lição que aprendeu para sobreviver. O problema é que essa resposta automática, que um dia protegeu pode se tornar uma prisão. A pessoa cresce, o perigo já passou, mas o corpo continua em alerta. O cérebro, por padrão, insiste em usar os mesmos caminhos de defesa.

"O cérebro não distingue o que é bom ou ruim. Ele apenas repete aquilo que aprendeu com frequência.", Norman Doidge, em O Cérebro que se transforma.

Como começar a reprogramar a mente?

Você já entendeu o que acontece. O seu corpo grita por algo que já passou. O seu cérebro ainda está preso no modo sobrevivência. Mas a boa notícia é que existe um caminho de cura, e ele começa com um processo chamado **neuroplasticidade.**

A neuroplasticidade é a capacidade que o cérebro tem de se reorganizar, de criar conexões, de aprender, mesmo depois de tanto tempo. Isso significa que, assim como a mente aprendeu que o toque era perigoso, ela também pode aprender que o toque pode ser seguro. Que o carinho pode ser afeto, e não agressão.

Mas, para isso, o primeiro passo é consciência. Consciência de que os abusos existiram, de que o cérebro aprendeu por repetição, consciência de que aquilo que um dia foi mecanismo de sobrevivência, hoje já não serve mais. Os toques que um dia feriram, os olhares que um dia assustaram, os gestos que antes machucavam, tudo isso ficou gravado. E para continuar viva, sua mente criou atalhos, reações automáticas, alarmes internos.

Mas hoje, você cresceu. Aquilo que um dia te protegeu, hoje te aprisiona. Como uma roupa de bebê que já não serve mais, um dia aqueceu, hoje sufoca. Como você já aprendeu, cérebro não faz distinção entre o que é certo ou errado. Ele aprende por padrões, e se os padrões que você viveu foram abusivos, seu cérebro entendeu que aquilo era o normal. ***Porque é uma reação normal, para um acontecimento anormal.***

É por isso que, quando algo novo aparece, como um toque de carinho, um namoro saudável, um relacionamento de respeito, ele soa o alarme. **Grita perigo**, mesmo que não haja perigo algum, e aqui entra o processo de reprogramação.

Você vai precisar ensinar ao seu cérebro que o novo pode ser bom. Que o carinho pode ser seguro, que o toque pode ser afeto. Que você não está mais naquela realidade de dor. Esse processo começa quando entendemos que não somos defeituosos, não somos "difíceis de amar", não estamos "quebrados". ***Estamos funcionando exatamente como o nosso cérebro foi condicionado a funcionar.***

Quando você toma consciência de como seu cérebro responde ao toque, ao afeto, à intimidade, você dá o primeiro passo. O segundo passo é começar, aos poucos, a ensinar seu cérebro que o novo pode ser seguro. O seu cérebro vai resistir, vai tentar te levar de volta ao padrão antigo. Vai dizer: "caminho errado, repetidas vezes," mas você vai lembrar: não é errado, **é novo**, e o novo precisa ser vivido com gentileza, com consciência e com paciência. Isso exige paciência com você mesma, e com o outro. Exige limites claros, respeito e acolhimento, e se possível, acompanhamento terapêutico. Aos poucos, com repetições conscientes e seguras, a mente começa a criar trilhas.

E aquilo que antes causava pânico, começa a ser visto com outros olhos. Não é mágica, é ciência, é a reprogramação da resposta cerebral. Por fim... Lembre-se:

Seu cérebro se moldou para te manter viva.
Mas agora, você não precisa apenas sobreviver.
Você pode viver com leveza, com verdade, com amor.
Seu corpo pode aprender a confiar.
Seu toque pode ser redimido.
Seu olhar pode se reencantar com a vida.
E isso é cura.

Capítulo 5

A dor invisível da desconexão

O Trauma que Rouba a Autenticidade

Vivemos em uma sociedade que, desde os primeiros anos de vida, nos ensina a nos afastar de quem somos. Somos moldados para agradar, corresponder, obedecer, nos calar. Aprendemos cedo que o afeto vem com condições, que o pertencimento exige máscaras, e que a sensibilidade precisa ser escondida. O resultado disso é um distanciamento sutil, contínuo e profundo da nossa essência.

A desconexão não começa somente com um trauma visível, com um evento trágico que conseguimos identificar. Ela pode começar nos silêncios, nos abraços que não vieram, nos olhares que não foram devolvidos, nas emoções ignoradas. Começa quando a criança que éramos percebe que não pode ser ela mesma sem correr o risco de ser rejeitada.

É esse afastamento de si que gera a dor invisível que tantos carregam. Não é o trauma como violência óbvia, mas como ausência de acolhimento, é o trauma silencioso, cotidiano, que se instala nas entrelinhas do que não foi dito, não foi validado, não foi escutado. E essa ausência deixa buracos que não se preenchem com sucesso, conquistas ou performance. Deixa um vazio que ecoa mesmo quando tudo parece estar "bem".

Essa dor, por não ser nomeada, se manifesta de outras formas: ansiedade, depressão, vícios, compulsões, doenças psicossomáticas. O corpo e a mente gritam por reconexão, mas nem sempre sabemos escutar. Os sintomas não são o problema em si. São o alarme, são o pedido silencioso por um reencontro com quem somos de verdade.

A criança que sente que sua autenticidade incomoda aprende a se adaptar. Ela sorri quando está triste. Se cala quando quer gritar. Se comporta quando queria correr. Aprende a suprimir o que sente para não perder o amor. E nesse processo, vai se afastando de si, vai apagando quem realmente é. **E o que no início era sobrevivência, vira identidade.**

Na vida adulta, essas adaptações aparecem como perfeccionismo, necessidade de controle, medo de falhar, dificuldade de confiar, relacionamentos baseados em dependência emocional, fuga de qualquer vulnerabilidade. A pessoa parece forte, mas vive exausta, parece alegre, mas carrega um peso invisível, parece produtiva, mas está desconectada da própria alma.

Muitos desses comportamentos não nascem de uma personalidade "difícil", mas de uma alma que precisou criar estratégias para continuar existindo. Não são defeitos, são feridas. E reconhecer isso é o primeiro passo para a cura.

Curar-se, portanto, não é um processo de se tornar alguém novo. É um retorno de volta para casa. É reencontrar partes esquecidas. É dizer sim para quem você já era antes de precisar se esconder.

Essa jornada de volta exige coragem, para sentir o que foi reprimido, para nomear o que foi silenciado, para deixar cair as armaduras que já não protegem, apenas afastam. É o caminho da reconexão com a criança interior. Aquela que um dia foi ensinada a se calar, mas que ainda vive dentro de você, e espera ser vista, ouvida, acolhida.

A reconexão também passa pelo corpo. O corpo que um dia foi ignorado, que teve seus sinais negligenciados, hoje carrega a memória do que não foi expresso. Tensão muscular, insônia, dores crônicas, cansaço extremo, tudo isso pode ser linguagem somática de emoções reprimidas. O corpo fala quando a alma não é escutada. Ele tenta avisar: *algo aqui dentro precisa ser olhado.*

Por isso, o processo de cura é inteiro, ele não separa mente de corpo, nem razão de emoção. É um processo espiritual, no sentido mais profundo da palavra, uma reconciliação com a própria existência. Com o direito de sentir, com o direito de ser. E esse caminho de reconexão, ainda que comece no íntimo, impacta tudo ao redor. Relações mudam, escolhas mudam, prioridades mudam.

Porque uma pessoa que volta a si mesma não aceita mais viver distante de quem é.

Ela começa a dizer não, onde antes se calava, começa a se escolher onde antes se anulava, começa a se enxergar com os próprios olhos, não mais pelos olhos do outro. É claro que essa jornada não é linear, haverá recaídas, dias difíceis, dores reaparecendo. Mas mesmo nesses dias, a consciência permanece. E é essa consciência que sustenta o processo. Saber que há dentro de você uma casa para onde sempre é possível voltar. Um lugar de silêncio, mas não de vazio. Um espaço de presença, verdade e paz.

A verdadeira liberdade não está em viver sem dor. Está em viver com inteireza. Com presença. Com autenticidade. É ter coragem de olhar para dentro e dizer: "Eu me aceito". "Eu me pertenço".
"Eu escolho me escutar".

Essa reconexão com quem somos é o maior ato de amor que podemos oferecer a nós mesmos. E talvez também o mais revolucionário, porque ser inteiro, em um mundo que nos pede fragmentos, é profundamente transformador.

E assim, ao nos reunirmos em nossos próprios pedaços,
deixamos de sobreviver, e finalmente começamos a viver.

Capítulo 6

Você não se tornou forte, você precisou ser

Na inocência da infância, você aprendeu a não demostrar o que realmente sentia. Não porque era mais madura que as outras crianças, mas porque, de alguma forma, percebeu que não havia espaço para sua vulnerabilidade. Ser forte não foi uma escolha. Foi uma adaptação.

E é por isso que hoje você carrega um cansaço que não sabe nomear. Uma exaustão que não vem só do corpo, mas da alma. O mundo te aplaude por ser resiliente, por ser guerreira, por dar conta de tudo, mas ninguém sabe o preço que isso tem cobrado de você.

Essa força que te sustenta é, na verdade, uma armadura. E por trás dela mora uma criança que um dia precisou se virar sozinha. Uma criança que aprendeu a se calar para manter a paz, que se sentia culpada por atrapalhar os outros com a própria dor, que acreditou que só merecia amor se fosse perfeita.

A autocobrança nasce daí. Não do desejo de melhorar, mas do medo inconsciente de ser rejeitada. Você foi ensinada a se provar o tempo todo. A ser a melhor filha, a mais responsável, a mais prestativa. Porque, no fundo, acreditava que só assim seria digna de afeto.

E quando errava, como toda criança erra, recebia silêncio, bronca, punição ou desprezo. A mensagem era clara:

"Seja impecável ou sofra as consequências."

Então, você cresceu tentando acertar sempre, carregando uma régua invisível que mede seu valor por desempenho. O problema é que essa régua não tem fim. Sempre dá para fazer mais, sempre parece que você está aquém. E quando, por algum motivo, você falha, o julgamento interno é implacável. Você se culpa, se sabota, se invalida. *A mesma exigência que um dia te salvou, agora te aprisiona.*

Você aprendeu a se colocar por último. A cuidar de todo mundo, menos de si. A ser a base de todos, enquanto ninguém te sustenta. E quando se vê sozinha, cansada, confusa, a voz dentro de você sussurra:

"Você não pode parar. Você não pode descansar. Você tem que dar conta."

Mas será que precisa mesmo? Será que continuar se atropelando é prova de força? Ou é apenas o desespero de alguém que nunca foi acolhida quando mais precisou?

Muitas vezes, a pessoa que mais parece firme por fora, é a que mais está desmoronando por dentro. Porque não aprendeu a pedir ajuda. Porque foi desacreditada tantas vezes que hoje prefere calar. Porque ouviu que chorar era drama, sentir era fraqueza, descansar era preguiça.

O trauma, nesse caso, não está em um único acontecimento. Está na repetição silenciosa de situações no qual você teve que se anular para sobreviver. E isso vai deixando marcas, no corpo, na mente, nos relacionamentos. Vai moldando uma versão sua que sabe funcionar, **mas esqueceu como é simplesmente existir**. Por isso, hoje, o convite é simples, mas profundo:

Permita-se ser humana.

Você não precisa provar o seu valor. Ele não está na sua produtividade, na sua performance, no quanto você suporta calada. O seu valor está no seu ser quem realmente você é, e saber que você pode permitir-se falhar, colocar limites, dizer um simples ***não*** sem culpa. Em aceitar que você também precisa de colo, de cuidado, de descanso.

Você já fez muito por todos. Agora, é hora de fazer por você, você não está sozinha. E não precisa continuar sendo a adulta exausta que carrega o mundo nas costas enquanto ninguém carrega você. A cura começa quando você se escolhe.

Quando você se inclui na sua agenda.

A mente estranha o amor-próprio quando ela passou anos se alimentando de rejeição. No começo, o carinho próprio parece perigoso. Mas precisamos mostrar para ela que o novo pode ser bom, que o afeto não precisa doer, que o cuidado não precisa sufocar, e que a presença não precisa machucar. Reeducar a mente é um processo, às vezes lento, às vezes dolorido, mas necessário para que ela entenda que há vida fora do ciclo de dor.

O que era conhecido deixou cicatrizes. Mas o desconhecido pode trazer cura. E, pouco a pouco, a mente aprende que segurança não é controle, que silêncio não é abandono, e que amor não é sofrimento.

Ela aprende...que merece mais.

Autocompaixão não é fraqueza, é cura. E a cura começa quando você para de lutar contra si mesma e passa a se acolher.

É nesse gesto simples, porém profundo, que tudo começa a mudar.

Capítulo 7

Quando o Controle Se Disfarça de Amor

Violência doméstica que não dói, até que a alma grita!

Desde muito cedo, aprendemos o que é amor, observando o que vivemos. A forma como fomos cuidadas, ou não cuidadas. As palavras que ouvimos, os silêncios que suportamos. O problema é que, muitas vezes, crescemos acreditando que amor tem a ver com dor. E, sem perceber, passamos a repetir os mesmos ciclos. Não porque queremos sofrer, mas porque foi assim que nossa mente aprendeu.

Porque, se desde a infância o cuidado veio com medo, o afeto veio com cobrança, e o amor veio junto da culpa, é exatamente isso que a mente buscará lá na frente. Por isso, tantas vezes, nos vemos em relacionamentos onde o afeto machuca, o carinho aprisiona, e o olhar que antes encantava passa a diminuir. Mas ainda assim, chamamos isso de amor. Ainda assim, acreditamos que se tentarmos mais um pouco, se mudarmos mais uma vez, se nos calarmos mais uma vez, talvez tudo melhore.

E é nesse "mais uma vez", que muitas de nós se perdem. O abuso raramente começa com gritos, ele começa com pequenas quebras. Um olhar reprovador. Um comentário disfarçado de piada. Uma brincadeira que dói, mas a gente engole, porque *"não foi por mal"*. Aos poucos, vamos aprendendo a pisar em ovos. Vamos escolhendo palavras, escondendo sentimentos, diminuindo nosso brilho, tudo para evitar o próximo estouro. E, quando vemos, já não sabemos mais quem somos.

Relacionamentos abusivos são mestres em fazer a vítima duvidar de si mesma. A cada crítica sutil, a cada conselho disfarçado de amor, a autoestima vai se apagando. Você começa a se perguntar se está exagerando. Se é sensível demais. *Se talvez o problema seja você.*

E esse é exatamente o objetivo de quem abusa: fazer com que você duvide de sua voz, da sua percepção, da sua força. Porque quanto mais fraca você se sentir, mais fácil será te controlar. O ciúme, no início, pode parecer zelo, mas, com o tempo, vira cela, você passa a justificar cada passo, a esconder quem é, a parar de fazer o que ama, tudo para não provocar insegurança em quem deveria te apoiar. E, de repente, sua liberdade virou ameaça. Seu sorriso virou problema. Suas amizades viraram risco.

Mas não é só no relacionamento amoroso que o abuso se esconde. Ele pode estar nos laços familiares, quando o amor dos pais vem junto do medo. Quando só existe aceitação se houver perfeição, quando chorar é sinal de fraqueza, e dizer "não" é motivo de castigo. Nessas casas, as emoções não têm espaço.

E o que não tem espaço dentro, explode fora, ou apodrece por dentro.

O abuso também pode estar no trabalho, onde o chefe humilha, sobrecarrega, desvaloriza. Ou na igreja, onde o nome de Deus é usado para colocar culpa, medo e submissão cega. Ou nas amizades, onde a lealdade é exigida, mas nunca oferecida, onde tentam te constranger, e dizem que é brincadeira. Onde só te procuram quando precisam, mas somem quando você é quem precisa.

E sim, o abuso também se manifesta sexualmente. E nem sempre da forma mais explícita. Um toque sem consentimento. Uma pressão emocional para fazer o que você não quer, um beijo forçado, um pedido velado. Tudo isso é abuso, e o corpo sabe, o corpo sente, mesmo quando a mente tenta negar.

O abuso sexual no casamento é uma das dores mais difíceis de nomear. Muitas mulheres demoram anos, algumas a vida inteira, para perceber que aquilo que suportaram não era apenas *"obrigação conjugal"*, mas violência. A confusão começa cedo: ensinaram que, depois de casada, o corpo já não era seu; que dizer **"não"** ao marido era pecado; que ceder sempre era prova de amor. E, assim, a fronteira entre intimidade e abuso foi se apagando.

Nem sempre o abuso vem com força bruta. Às vezes, é um beijo que se torna imposição, um pedido que se repete até virar exigência, uma palavra religiosa usada como peso: "a esposa deve se submeter". A mente tenta racionalizar: "ele é meu marido, eu deveria...", mas o corpo não mente. Ele fala através do frio na barriga, da náusea, da dor, do desligar-se por dentro para suportar o que não queria viver.

E quando a recusa acontece? Muitas mulheres carregam culpa por não desejarem o marido em certos momentos. Mas a falta de desejo não é sinal de pecado; é sinal de humanidade. O corpo e a alma sentem o peso da rotina, do estresse, da mágoa. Alterações hormonais, memórias de abuso, feridas não resolvidas, tudo isso interfere no desejo. Só que nenhuma dessas razões dá a alguém o direito de ultrapassar o seu limite. Consentimento não é detalhe; é a essência de qualquer encontro verdadeiro.

No silêncio de muitos quartos, mulheres aprenderam a se desligar para sobreviver. A fazer "logo para acabar". A acreditar que, se não gritam, não é abuso. Mas o silêncio também fala. O corpo que endurece, o olhar que se perde, o coração que acelera sem alegria, tudo isso são gritos mudos. Abuso não é apenas o que deixa marcas visíveis; é também o que deixa feridas invisíveis, que corroem a confiança e transformam a cama em um lugar de medo, não de descanso.

Dizer isso não é colocar culpa, é tirar culpa, porque a ela nunca foi sua. O corpo não erra quando resiste ao que não deseja, ele tenta proteger você. E Deus, que fez o corpo, o fez sagrado, nenhum pacto, nem mesmo o casamento, dá a alguém o direito de ignorar o "não" da outra pessoa. O amor não força, não exige, não invade. O amor espera, respeita, cuida, protege.

> *Quando a gente pensa em violência doméstica, é fácil imaginar o corpo machucado, o olho roxo, os gritos na madrugada. Mas nem toda violência deixa marca visível. E, pior, nem toda vítima sabe que está sendo vítima.*

Isso pode parecer absurdo, mas é real. Durante anos, eu estive em um relacionamento onde a violência não era nomeada. E por isso, parecia não existir. Não havia tapas nem empurrões. Mas havia controle, havia manipulação, havia silêncio sufocante. E o mais difícil de tudo: *havia a culpa, sempre a culpa***.** Tudo era culpa minha, se ele se irritava, a culpa era minha, se algo dava errado, minha culpa. E eu acreditava nisso com todas as minhas forças.

Minha amiga Carla tentou me alertar, dizia: "Andréa, ele não é quem você pensa." Mas eu não conseguia ver. Eu me colocava abaixo dele, achava que ele era santo, um homem de Deus, e eu era a impura. *Ele era o escolhido, eu era a manchada.* Eu tinha medo até de pensar diferente, como se discordar fosse pecado.

A religiosidade me prendeu, o medo de "desobedecer a Deus", me amordaçou, eu escutava: "O que Deus uniu, o homem não pode separar." E, por isso, aguentei coisas que nenhuma mulher deveria aguentar, **porque eu achava que Deus queria assim.**

Não se destrói a pessoa que você diz que ama!

Eu não estou aqui para pregar separação. Estou aqui para dizer que ninguém precisa viver um relacionamento que destrói a alma. Deus não quer isso. Deus não está em alianças feitas à base do medo. Deus não está onde a dor é ignorada em nome de uma doutrina.

Eu aos 21 anos, recebi o diagnóstico de uma DST. Quando a médica me contou, ainda tive a cegueira de defendê-lo. Ela, com toda delicadeza, estava me revelando algo que, para ela, já era evidente: meu marido havia me traído. E eu, completamente imersa na culpa, respondi: "Não, doutora. Ele jamais faria isso comigo."

Cheguei a acreditar que tinha contraído a doença de alguma outra forma, que não envolvia traição. Veja o nível de negação. Veja até onde a culpa me levou, eu preferia me culpar a enxergar a verdade. E mesmo quando ele me confessou todas as traições, sim, ele me contou tudo, cada detalhe, com lágrimas nos olhos, mas eu estava decidida a não voltar, seguir em frente com a separação. A manipulação era tanta, a minha voz ainda tão pequena. Mas algo dentro de mim já havia despertado. Mesmo sem entender completamente, **pela primeira vez, disse não.**

E só depois, ao mergulhar no estudo da psicanálise, eu compreendi. Só quando comecei a entender a mente, os padrões, os traumas, é que eu me vi com clareza. A ficha caiu: **eu fui vítima de violência doméstica.** E nem sabia.

É por isso que eu digo com toda certeza: *existem milhares de mulheres que vivem relacionamentos abusivos sem perceber.* Porque estão tão acostumadas a carregar a culpa, tão acostumadas com o silêncio, com o "sou eu que erro", com o "ele é bom, eu que não presto", que não reconhecem a prisão, ou sua mente está tão acostumada a relacionamentos abusivos pois viveu isso em toda sua infância. Que não consegue reconhecer o abuso que está vivendo. O abuso psicológico é sorrateiro, ele apaga a sua voz, corrói sua autoestima, rouba sua identidade, tudo isso sem um único grito. Muitas dessas mulheres só descobrem o que viveram depois de estarem desfragmentadas. Algumas só entendem durante o processo de análise. Outras, como eu, só despertam ao estudar profundamente a alma humana.

Quando uma mulher que já passou por isso, é comum mesmo longe da situação, ela continue se sentindo presa, porque o corpo gravou aquela dor. E a mente, por mais que tente seguir em frente, continua buscando o mesmo roteiro, o mesmo padrão, mas tudo isso de forma inconsciente.

Mas é possível romper. É possível ensinar à mente que o novo pode ser bom, que o amor verdadeiro não controla, não silencia, não diminui, não pede para você se anular. Que ele não cobra seu corpo como moeda, que ele não ameaça ir embora caso você diga "não".

Rompimento é um processo. Não é só dizer "basta" e ir embora. É lidar com a culpa, com o medo, com as perdas. É se reconstruir por dentro enquanto tudo desmorona por fora. Mas também é olhar para a sua criança interior e dizer:

"Você não precisa mais aceitar o que machuca. Agora, eu cuido de você."

Essa criança que ainda vive em você, que aprendeu a se calar, que achava que precisava merecer amor, ela precisa ser acolhida, precisa ouvir, todos os dias, que agora ela está segura, que agora ela pode dizer **"não"**, que agora, ela não está mais sozinha. E é nesse acolhimento que o novo começa. Com passos pequenos, com coragem em meio ao medo, com verdade em meio à confusão. E com fé de que é possível recomeçar, de que é possível se amar, de que é possível ser livre.

Porque você não nasceu para viver em jaulas emocionais. *Você não precisa mais se moldar para caber em espaços pequenos.* Você não precisa implorar por afeto. Você merece o amor que liberta. O amor que vê. O amor que não quer te mudar, mas sim caminhar ao seu lado. Você merece ser inteira, ser livre. E sim, é possível.

Foi isso que me levou a criar o *Instituto Phoenix, e me fez desenvolver o curso para profissionais "Decodificando o Trauma: a arte de atender vítimas de abuso sexual e violência doméstica".* Porque ninguém me ensinou isso antes. Eu precisei viver, cair, me levantar sozinha, para depois entender. E hoje, eu ensino outras mulheres, profissionais, terapeutas, vítimas, a enxergar o que eu demorei tanto tempo para ver.

Se você está lendo isso e algo dentro de você se remexe, se alguma parte sua sussurra "isso parece comigo". Talvez você esteja vivendo uma violência que não tem nome ainda. Talvez você esteja silenciando sua dor em nome da fé, da família, do medo de estar errada. Mas eu te digo: *você tem o direito de ser respeitada. De ser amada com dignidade. De ser livre.*

Não deixe que a culpa esconda a verdade. Não deixe que a religiosidade invalide o seu valor. **E não espere que a alma grite alto demais para ser ouvida.**

Você tem voz. Você tem escolha. E você tem um Deus que te ama, não para te aprisionar, mas para te libertar.

Eu não sou mais o mesmo.
Eu não me reduzo mais as suas expectativas sobre mim.

Capítulo 8

Ansiedade:

O cárcere invisível que sufoca

Era noite. A rua estava quase deserta, iluminada apenas por alguns postes espaçados. Ela estava ali, parada no meio-fio, como se tivesse esquecido como se anda. As mãos tremiam. As pernas pareciam presas ao chão. O coração batia tão rápido que ela achava que iria desmaiar. Olhou para um lado, para o outro. Não havia ninguém, mas a sensação era de estar cercada por algo invisível e ameaçador.

Pegou o telefone e me ligou, a sua voz veio em sussurros: "Eu não consigo me mexer. Não consigo voltar para casa". Eu sabia que aquilo não era "drama" ou "frescura". Aquilo era a ansiedade no seu estado mais cru, **uma prisão invisível, capaz de paralisar corpo e mente.**

Fui conduzindo-a pela respiração 4x4, fizemos juntas várias vezes. Aos poucos, a tensão começou a diminuir. Pedi que desse um passo, depois outro, disse para ela: "Eu estou aqui. Você não está sozinha". E ela foi andando, até chegar em casa.

A ansiedade não envia recado. Ela se instala de súbito, aprisiona o corpo e nos deixa reféns de um medo sem forma, sem rosto, sem nome.

Eu mesma já experimentei isso diversas vezes, como no ano passado, um furacão de categoria 5, com rumores de se tornar o primeiro de categoria 6, se aproximava da Flórida Central. As notícias diziam que ele passaria exatamente sobre a minha casa. Era madrugada, e todos dormiam, menos eu, minha mente projetava cenas de janelas arrebentadas, água invadindo o apartamento, minha família se afogando.

Meu corpo já estava em alerta máximo: mãos frias, respiração curta, coração acelerado, e, então, eu me perguntei: "Qual a **probabilidade** real disso acontecer exatamente assim?". Comecei a analisar: moro no ponto mais alto do condomínio, longe da costa, para a água chegar até aqui, toda a cidade já teria que estar submersa. Ao pensar assim, meu corpo começou a responder, a respiração desacelerou, o medo foi dando lugar à lógica, e a ansiedade foi perdendo força. E, quando adormeci, o furacão já havia mudado de rota.

A ansiedade faz isso, transforma possibilidades em certezas, imaginação em fatos, medo em verdades absolutas. Ela mente, e se não aprendemos a reconhecê-la e a intervir, ela nos controla.

Na psicanálise, não tratamos apenas o sintoma. A ansiedade é a ponta do iceberg. A raiz está em experiências, dores e traumas que moldaram a forma como o corpo e a mente respondem ao mundo. Técnicas como a respiração 4x4, exercícios de grounding e treino de pensamento lógico ajudam a lidar com a crise. Mas a verdadeira libertação vem quando encontramos e ressignificamos o lugar onde tudo começou.

Agora, você sabe o que é ansiedade?

A palavra é usada com tanta frequência que, às vezes, perde o peso real que carrega. Ansiedade não é apenas "estar nervoso" ou "preocupado". É uma resposta do nosso corpo a uma ameaça, real ou percebida, disparada por um sistema que foi projetado para nos proteger, mas que, quando entra em desequilíbrio, começa a trabalhar contra nós.

Dentro do cérebro, como já vimos nos capítulos anteriores, a amígdala, uma pequena estrutura em forma de amêndoa, funciona como um alarme. Quando ela detecta perigo, aciona o corpo inteiro para reagir: aumenta os batimentos cardíacos, acelera a respiração, contrai os músculos, coloca todo o organismo em modo de sobrevivência. Em paralelo, o córtex pré-frontal, responsável pelo raciocínio lógico e pelo controle das emoções, perde parte do seu comando. Por isso, na crise, parece impossível pensar com clareza.

Em situações normais, essa resposta é temporária: o perigo passa, o corpo se acalma e tudo volta ao equilíbrio. Mas, em pessoas com ansiedade patológica, esse alarme dispara com frequência exagerada, na maioria dás vezes, sem motivo aparente, deixando a pessoa exausta, hipervigilante e prisioneira de pensamentos intrusivos.

Lembro de um acampamento de jovens na igreja. Um pastor, muito querido e respeitado, pregava com entusiasmo, mas, em um momento infeliz, disse que "ansiedade é sinal de que você está longe de Deus" e que "se você fosse forte na fé, não teria ansiedade".

Na hora do almoço, por acaso, me sentei ao lado de uma jovem que, conversando com amigos, mencionou que sofria de ansiedade. Ela estava claramente incomodada com o que tinha acabado de ouvir. Toquei levemente no braço dela e perguntei se poderia conversar. Disse, com toda a calma:

Ansiedade não é falta de Deus, não significa que você está em pecado.

A expressão dela mudou imediatamente. Era como se um peso tivesse sido retirado de seus ombros. Expliquei que a ansiedade mencionada por Jesus na Bíblia, "não andeis ansiosos por coisa alguma", se refere à preocupação excessiva com o amanhã, ao esforço de querer controlar o que não está nas nossas mãos. Mas a ansiedade patológica é uma condição clínica, muitas vezes consequência de traumas, desequilíbrios químicos e experiências de vida dolorosas.

Falei para ela: "Dizer que a ansiedade é falta de Deus, é como dizer que quem tem câncer, diabetes ou problemas no coração, está em pecado. Isso não faz sentido." Ela sorriu, e eu vi nos olhos dela que algo havia mudado.

Quando líderes espirituais falam sem conhecimento sobre saúde mental, o risco é aprisionar ainda mais quem já está sofrendo. A ignorância não liberta; ela agrava as feridas. É preciso responsabilidade, é preciso estudar a respeito, e unir fé e conhecimento para que o púlpito seja um lugar de cura, não de condenação.

Falar de ansiedade é falar de vida real. É reconhecer que, sim, a fé pode trazer consolo, mas também compreender que Deus nos deu recursos humanos e científicos para cuidar da nossa mente. Não é falta de oração buscar ajuda; é, na verdade, um ato de coragem e amor-próprio, e fé.

A ansiedade não define quem você é. Ela não é a sua identidade. Ela é uma reação aprendida, repetida, alimentada por experiências dolorosas, que pode ser compreendida e tratada. Quando você começa a entender o que acontece no seu corpo e na sua mente, quando percebe que não é fraqueza pedir apoio, algo muda, você começa a recuperar o controle, mesmo que aos poucos. E cada passo, por menor que pareça, é um passo rumo à liberdade.

Então, se hoje você está lendo estas palavras e sente que a
ansiedade tem te aprisionado, respire fundo.
Olhe ao seu redor.
Busque quem possa caminhar com você.
A ansiedade pode ser forte, mas ela não é invencível.
E, por mais que ela tente dizer o contrário,
você não está sozinha.

Capítulo 9

Quando a dor pesa demais

Depressão, silêncio e fé

Não são todas as dores que gritam. Algumas se instalam devagar, sem alarde, como se estivessem pedindo licença para ficar. A depressão costuma ser assim: uma dor calada, que vai minando a vida por dentro. As pessoas olham para fora e veem sorrisos, funcionamentos, palavras. Mas lá dentro, o caos já tomou conta.

Ela não tem rosto, não tem status, não tem classe social. Atinge empresários, líderes religiosos, artistas, médicos, psicólogos, psicanalistas, pais, mães, jovens e idosos. É como o câncer, a diabetes ou uma doença cardíaca: pode acontecer com qualquer pessoa. E como o coronavírus, que levou milhões, inclusive meu pai, a depressão não escolhe vítimas pela conta bancária ou pela fé que professam.

Na Bíblia, homens profundamente ligados a Deus também viveram momentos assim. Elias, um profeta poderoso que ousou enfrentar reis e multidões, um dia pediu para si a morte. E Deus não o acusou. Pelo contrário, cuidou dele, enviou alimento, permitiu que descansasse e o fortaleceu para seguir. Isso mostra que a depressão não é falta de Deus.

Mas eu não sabia disso. Na época, eu acreditava nas frases duras que ouvia desde criança: *"depressão é falta de fé"*, *"ansiedade é coisa do diabo"*, *"quem confia em Deus não pensa em desistir"*. Cresci dentro de um ambiente religioso, e quando a tristeza profunda me alcançou, ela encontrou um terreno fértil para criar mentiras. A religiosidade, misturada aos meus traumas, distorceu tudo que eu acreditava sobre Deus. Eu não enxergava uma doença, eu enxergava condenação.

E assim começaram minhas batalhas mais sombrias. Por muitos anos, eu não sabia que aquilo que sentia tinha um nome. Hoje, todo mundo fala sobre depressão e ansiedade. Há campanhas, redes sociais, datas como o Dia Mundial de Prevenção ao Suicídio. Mas anos atrás, quando pensei pela primeira vez em morrer, eu não tinha nem ideia do que era isso.

Eu tinha 27 anos quando me separei pela primeira vez. Foram anos de um casamento marcado por dor e silêncio, mas o que veio depois parecia um mergulho em outro tipo de abismo. Nunca tinha namorado outra pessoa; me casei com o meu primeiro namorado. Não sabia o que era sair com alguém, como beijar, como me comportar. Tudo isso era um universo distante para aquela menina que crescera na igreja, sob regras rígidas: cabelo sem cortar, nada de maquiagem, saias longas, blusas de manga, nada de calça fora da escola e, ainda assim, apenas com autorização do pastor.

De repente, me vi "livre" dessas amarras. Cortei o cabelo, pintei de loiro, emagreci. Pela primeira vez, me vi com um corpo que chamava atenção. E essa atenção veio com um peso que eu não sabia carregar. Eu nunca tinha ido a um bar, nunca tinha pisado em uma casa de shows, nunca tinha dançado. No início, estranhei os olhares, as cantadas; depois, comecei a gostar. Mas, no fundo, me sentia cada vez mais deslocada. Era um mundo novo, sedutor e ao mesmo tempo vazio.

Lembro-me de estar em um desses lugares, cercada por música, luzes e gente rindo, e sentir aquela pergunta ecoando dentro de mim: *"O que você está fazendo aqui, Andréa?"* E junto com essa voz, vinha à minha mente uma canção que marcou minha vida, da Fernanda Brum, minha amiga de infância:

"Quem já pisou no Santo dos Santos
Em outro lugar não sabe viver
E onde estiver, clamar pela glória, a glória de Deus."

Era como se o próprio Deus, através daquela melodia, me lembrasse que eu já havia experimentado a Sua presença de forma tão profunda, e que nada no mundo poderia se comparar a isso. Como se uma parte minha soubesse que aquele não era o meu lugar. Eu estava cercada de pessoas, mas invisível. Ninguém ali queria conhecer quem eu realmente era; viam uma "carne nova" naquele lugar.

Naquele momento, eu não apenas me afastei da igreja, mas também de Deus. Afastei-me das pessoas que falavam d'Ele porque não queria ouvir sobre voltar. Eu sabia que Ele era a solução, *mas estava encantada demais com o que o mundo me oferecia.* E aquelas palavras duras que um pastor lançou sobre minha vida ecoavam como maldições. Eu tentava aproveitar aquele "novo mundo", mas, por dentro, me sentia suja, como se cada olhar fosse um lembrete de que ninguém queria realmente me conhecer, apenas me usar.

O "mundo", quando você se afasta de Deus, é como aquele filme antigo cujo título sempre me vinha à mente: ***"Pague para entrar, reze para sair."*** E, aos poucos, comecei *a me ver como um passarinho dentro da gaiola do Piu-Piu, com Satanás segurando as grades. Essa imagem me acompanhava. É por isso que a capa deste livro é essa.*

A depressão começou a se instalar sem que eu percebesse. Naquela época, eu não chamava pelo nome. Achava que estava endemoniada. Sentia que Deus não me queria mais, e que, se eu não voltasse a Ele "do jeito certo", Ele poderia levar meu filho. Esse medo me acompanhava diariamente.

Na minha mente, Ele me dizia:
"Ou você volta para mim do jeito que Eu quero, ou vou levar o seu filho."

E eu preferia morrer a ver meu filho morrer por minha causa. Foi assim que comecei a pensar em acabar com a minha vida. Às vezes, descia as escadas de casa e me perguntava: "Será que é hoje que eu vou morrer?" Saía e pensava: "Será que volto?" E ninguém percebia. Aprendi a sorrir para esconder.

Com o tempo, a depressão foi tomando espaço. Não era apenas a doença em si; havia também um peso espiritual. A religiosidade que moldou minha infância agora se transformava em acusação constante. Lembranças de palavras duras, maldições lançadas por líderes e a sensação de que eu tinha decepcionado Deus ecoavam dentro de mim.

Para outros, talvez fossem normais minhas atitudes, mas para mim, que já tinha pisado no Santo dos Santos, que cresci em um lar cristão, sair, namorar, ficar sem compromisso... aquilo estava me destruindo. E, quando eu falava sobre isso, para as pessoas parecia tão normal, tão natural afinal, todo mundo fazia. Mas, para mim, não. O fato de não ser compreendida, de sentir vergonha em admitir que aquilo também estava me corroendo por dentro, era sufocante. Eu me afastei de Deus, e foi isso que me levou à ruína. Afastei-me d'Ele como Pai e mergulhei na religiosidade. E, nesse vazio, a religiosidade tomou conta de mim. Quando me separei, lembro de sentir Deus falando comigo:

"Ok, você pode se separar, ninguém é obrigado a ficar com ninguém. Mas não se separa de mim."

E eu não ouvi. É isso que a depressão faz: ela mente, mas a mentira soa como verdade absoluta. Naquele período, comecei a pensar que talvez a única forma de "consertar" minha vida fosse voltar para o meu ex-marido. Na minha cabeça, se ele estava na igreja, então estava com Deus. E se eu voltasse para ele, talvez conseguisse reencontrar Deus também. Assim como um abismo chama outro abismo, um erro somado a outro erro não se transforma em acerto.

E eu já não era a mesma garota que ele conheceu, e isso trouxe mais conflitos e mais dor. Até que, numa noite, o peso ficou insuportável. Eu morava no segundo andar de um prédio familiar, mas havia um desnível: de um lado, a altura chegava a uns seis andares. Subi até a laje, quase meia-noite. O céu escuro, o silêncio da rua, e eu ali, em pé, falando sozinha... ou melhor, falando com Deus e com Satanás. Eu disse:

— Deus, fica na tua. Não pertenço mais a Ti; meu corpo e minha vida agora pertencem a Satanás.

Eu dizia essas palavras como se estivesse estabelecendo um pacto. Era o auge da minha dor e confusão mental. E sim, eu disse para Satanás que, se fosse me levar, que me levasse de vez, que eu não queria ficar quebrada lá embaixo. Foi nesse momento que meu ex-marido subiu e me encontrou ali. Não houve perguntas, não houve falas, apenas desci, e seguimos a noite como se nada tivesse acontecido.

Alguns dias depois, escrevi uma carta de despedida para minha irmã, pedindo que cuidasse do meu filho. Deitei-me para morrer, mas acordei horas depois, com meu ex-marido me chamando, ele percebeu o que eu tinha feito, e a primeira coisa que eu disse foi:

— Nem capacidade para morrer eu tenho.

Observe o que a depressão faz com a mente: ela distorce a realidade de tal forma que faz você acreditar que sua ausência será melhor para os outros. Eu pensava que, se morresse, meu ex-marido poderia subir na cadeira do ministério, pois seria viúvo. Mas viúvo de quê? De uma mulher suicida. Eu ignorava todo o caos que ele havia causado e colocava todo o peso sobre mim, sobre minha suposta "imundícia". Isso é a mentira cruel que a depressão conta: que sua vida não vale nada e que sua morte traria paz. Nunca é verdade.

Eu disse ao meu filho: "Mamãe vai fazer algo que agora você não vai entender, mas no futuro vai saber que foi por amor a você." Hoje sei que não havia amor algum nisso, apenas uma mente adoecida tentando encontrar uma saída para uma dor insuportável.

Eu me agarrava a tudo o que pudesse me manter viva, e Deus, com Sua infinita misericórdia, usava diferentes formas para me falar. Eu ouvia, repetidas vezes, as pregações da *Joyce Meyer*. As palavras dela me ajudavam a lembrar que Deus não havia desistido de mim, mesmo quando eu já não sentia mais Sua presença. E nas madrugadas era a música, eu tinha um CD da *Shirley Carvalhaes*, e havia uma canção específica, *"Fala Que Eu Te Escuto"*. Eu ouvia tantas vezes que achava que ia furar aquele CD. Cada nota parecia me puxar para fora do abismo, lembrando-me de que Deus ainda estava ali, ainda falava comigo, mesmo quando eu não conseguia ouvi-lo.

E foi exatamente isso que o Senhor foi fazendo: tomando, um a um, os pedaços do meu ser, reconstruindo aquilo que eu já não sabia como juntar. Essas três coisas as pregações, as canções e aquela pequena oração, se tornaram o fio que me ligava à esperança.

E então, um dia, fui a uma igrejinha simples, onde uma missionária compartilhava as lutas que havia enfrentado. No meio da pregação, ela disse uma frase que ficou gravada em mim para sempre.

Não lembro de mais nada do sermão, embora tenha sido uma palavra incrível, mas aquela frase ecoa até hoje:

"Senhor, eu não sei como, mas eu quero."

Essa passou a ser a minha oração diária. E, pouco a pouco, Deus foi respondendo. Foi assim que Ele me tirou do vale da depressão e começou a me ensinar o caminho de volta, não apenas à fé, mas à vida.

Por volta dos meus 31 anos, conheci meu marido. Mas aquela religiosidade ainda era predominante em mim, pois a chave ainda não havia virado. Não foi fácil, mas, depois dessas duas tentativas frustradas, duas vezes em que Deus me salvou de mim mesma, a depressão e o desejo de morrer já não tinham mais a mesma força naquele momento. Mas a depressão não desapareceu.

Alguns anos depois de me casar novamente, mudei para os Estados Unidos. Três meses após minha chegada, minha mãe veio a falecer. Foi como se uma ferida mal cicatrizada fosse aberta com mais força. A depressão voltou com intensidade, junto com os pensamentos suicidas.

Em 2019, cheguei novamente ao meu limite. Estava tendo uma crise de ansiedade em casa, discutindo com meu marido, e decidi sair. Caminhei até um porto próximo da minha casa na ocasião, em New Jersey, de frente para Nova York, e fiquei olhando as pedras e a água. Pensei seriamente: *"Se eu me jogar, será que morro?"* Fiquei ali a tarde inteira, decidida a acabar com tudo. Mas, de forma inesperada, veio uma vontade estranha e simples: *tomar um sorvete*. Aquilo me desconcentrou, saí para comprar o *"milagroso sorvete"*. Quando estava saindo da loja, meu marido me ligou, dizendo que minha tia, que morava no Brasil, estava nos visitando e queria me ver.

— Vem para casa — ele disse.

À noite, minha tia insistiu para irmos à igreja. Eu relutei, mas acabei indo. A pregação era sobre o Apocalipse e as sete cartas às igrejas. O pastor visitante falou muito sobre Laodiceia. Eu me vi ali, nua e miserável espiritualmente. Comecei a conversar com Deus em pensamento:

"Senhor, eu sei que essa pregação é para mim, mas vou orar daqui mesmo. Não vou lá na frente."

Foi quando o pastor disse:

— Você pode estar pensando que pode orar daí mesmo, mas Deus quer que você se levante e venha até aqui.

Meu coração acelerou, pensei: "Mesmo que o Senhor envie alguém aqui atrás, eu não vou lá na frente da igreja."

E, no mesmo instante, ele disse:

— Uma irmã, por favor, vá lá atrás, no último banco, e traga aquela irmãzinha.

Ele não podia me ver. Eu estava escondida atrás de várias pessoas. Foi Deus que me achou. Naquele momento, entendi que Ele não me abandonou. Ele ama os improváveis. Não é sobre a minha capacidade, é sobre quem Ele é.

O pastor começou a declarar palavras que tocaram profundamente o meu coração:

— Deus te ama, você precisa entender isso. Ele não vai desistir de você nunca. As aflições da vida são ferramentas para Deus te moldar. Receba graça. Receba cura. Lance tudo nos braços d'Ele, como uma criança que, no alto de um prédio, se joga confiando

que o pai a pegará. O Senhor te trouxe aqui, nesta noite, para que você saia curada, com o seu emocional restaurado.

Saí dali com a certeza de que algo havia mudado. É claro que nem tudo se transformou instantaneamente; assim como na história de Naamã, houve um processo. Ainda estou nele, e acredito que só se encerra quando Deus vier buscar a Sua Igreja. Mas, desde aquela noite, eu não sou mais a mesma. Naquele altar, Deus arrancou de mim os pensamentos que me aprisionavam.

E é importante dizer: não foi algo apenas religioso. Deus usou um conjunto de coisas, porque a vida é assim, somos corpo, alma, mente e espírito, tudo interligado. Ele utilizou também a psicanálise para iniciar o meu processo de cura. Ao estudar, comecei a compreender minhas demandas, minhas dores, minhas aflições, aquilo que me sufocava por dentro. A psicanálise me ajudou a nomear o que estava sem nome.

Mas cada pessoa é única. Todos nós somos seres subjetivos. A depressão, para mim, se apresentou desse jeito: em forma de religiosidade, em forma de afastamento de Deus, em forma de prisões internas que me consumiam. Para outras pessoas, pode ser diferente. Não existe fórmula mágica, porque nenhuma depressão é igual à outra, ainda que os episódios se assemelhem, cada um vive à sua maneira. Por isso, é essencial compreender como a depressão age em você.

Sou grata ao Senhor por ter usado todas essas ferramentas, altar, Palavra, psicanálise, para me conduzir nesse caminho de libertação. E sigo caminhando, dia após dia, no propósito que Ele me confiou.

O que é a depressão?

A depressão não é apenas um estado de tristeza prolongada. É uma condição complexa, que mistura fatores emocionais, biológicos, sociais e até espirituais. Ela é como uma lente distorcida que se coloca diante dos nossos olhos e muda a forma como enxergamos a nós mesmos, as pessoas e o mundo.

Muitas vezes, associamos a depressão apenas a traumas ou acontecimentos dolorosos. E sim, essas experiências são gatilhos importantes, perdas, rejeições, abusos, desilusões, doenças.

Mas nem sempre é só isso. Há casos em que o corpo também tem um papel silencioso: a falta de vitaminas, minerais ou substâncias químicas essenciais para o funcionamento cerebral pode contribuir para a instalação ou agravamento de um quadro depressivo. Uma deficiência de vitamina D, B12, ferro ou alterações hormonais pode afetar diretamente o humor, a disposição e a capacidade de lidar com as emoções.

Por isso, gosto de pensar a depressão como a "**febre da psiquiatria**". Assim como a febre não é uma doença em si, mas um sinal de que algo está acontecendo no organismo, a depressão também não é uma única doença, e sim uma síndrome, um conjunto de sinais e sintomas que podem ter múltiplas origens. Ela pode nascer de um trauma não elaborado, de uma perda marcante, mas também de questões biológicas, como a apneia do sono, a tireoide desregulada ou até o indício de um transtorno bipolar.

Quando não cuidamos da saúde física, o terreno fica mais fértil para que o sofrimento emocional se instale. O corpo e a mente não são dois mundos separados: eles conversam o tempo todo. Cuidar da depressão, portanto, é como ser um detetive da própria história, é preciso olhar para a mente, para o corpo e para a alma. Nenhum fator isolado explica tudo, e cada caso é único.

A depressão também é alimentada pelas histórias que contamos para nós mesmos. O cérebro é um contador de histórias nato. Ele junta fragmentos do passado, interpreta o presente e tenta prever o futuro e, quando estamos deprimidos, essa narrativa interna costuma ser sombria.

As crenças que carregamos, "eu não sou bom o suficiente", "ninguém se importa comigo", "nada vai melhorar", se tornam filtros que distorcem a realidade. Assim, não importa o quanto algo de bom aconteça, a mente deprimida sempre encontra uma forma de invalidar ou minimizar.

Esse processo não é preguiça, nem falta de fé, nem ausência de caráter. É um estado em que a própria percepção da vida fica contaminada. É como se o mundo estivesse lá fora, cheio de cor, mas o vidro pelo qual olhamos estivesse escurecido.

Por isso, a depressão precisa ser abordada de forma ampla: cuidando do corpo, tratando da mente e nutrindo a alma. Não existe um único caminho. Alguns encontrarão alívio na terapia, outros nos medicamentos, outros no exercício físico, outros no encontro com Deus, e muitos, em uma combinação de tudo isso.

E há uma verdade dura, mas libertadora:

Ninguém pode fazer esse caminho no seu lugar.

O profissional pode orientar, a família pode apoiar, mas a decisão de lutar pela vida precisa nascer de dentro.

É justamente nesse ponto que a fé e a esperança se tornam fundamentais.

Elas reacendem a chama quando tudo parece apagado.

Capítulo 10

A compulsão como fuga da dor

> Nem todo vício tem cheiro de álcool, fumaça ou nome de substância proibida. A maioria dos vícios que dilaceram as pessoas por dentro nem parecem vícios. Estão camuflados no cotidiano, travestidos de hábitos, rotinas ou distrações socialmente aceitas. É sobre isso que precisamos falar com coragem.

A compulsão não é uma escolha, é uma resposta emocional. É a tentativa desesperada de não sentir. É um grito abafado, um pedido de socorro disfarçado de repetição.

Vício, é tudo aquilo que te dá prazer a curto prazo, mas te causa danos a longo prazo. É aquilo que você não consegue deixar ir mesmo sabendo que te adoece. Pode ser uma tela de celular, uma compra impulsiva, uma série assistida sem propósito, uma comida que vira refúgio, o excesso de trabalho, o medo do silêncio. Pode ser qualquer coisa. *Vício é a tentativa de anestesiar o que sangra por dentro.* E eu atendo pessoas todos os dias que carregam essa mesma dor silenciosa. Elas não sabem o que têm. Só sabem que vivem em estado de alerta, em busca de alívio, mesmo que temporário. Porque parar é perigoso, porque parar significa sentir. *E sentir as vezes dói.* A raiz da compulsão não é a fraqueza, é a dor. Uma dor que muitas vezes começou na infância e nunca foi reconhecida. Crianças que não foram vistas. Que tiveram que engolir o choro, calar a raiva, esconder o medo. Crianças que se tornaram adultos desconectados de si mesmos. Que vivem no modo sobrevivência, tentando funcionar num mundo que não tem tempo para emoções reais.

Por trás da compulsão há um vazio. E esse vazio nasceu da ausência de afeto, da ausência de escuta, da ausência de colo. Quando não somos acolhidos emocionalmente, aprendemos a nos virar sozinhos. Mas o preço disso é alto, porque aquilo que não foi vivido, sentido, expressado, começa a buscar saídas. E uma das formas que encontra é o vício.

Às vezes, a pessoa nem se dá conta. Vício em produtividade. Em controle. Em estar sempre ocupada. Em jamais estar sozinha. Ela diz que está sendo eficaz, que é focada, que está vencendo. Mas, por dentro, está se desmoronando. Porque o que motiva esses comportamentos não é saúde, é medo. Medo de parar, encontrar com aquilo que foi enterrado.

Eu vejo isso todos os dias. E vejo também o quanto é difícil admitir. Porque a sociedade aplaude esses vícios camuflados de produtividade. A pessoa que trabalha 16 horas por dia é vista como dedicada. A que não para de produzir conteúdo é chamada de visionária. A que nunca chora é vista como forte. E, assim, a dor continua escondida, sufocada, até que o corpo não aguenta mais.

Sim, o corpo fala, ele tenta avisar, tensão crônica, insônia, ansiedade, crises de pânico, doenças autoimunes. Tudo isso pode ser expressão de um trauma emocional que nunca foi reconhecido. O vício pode ser apenas o sintoma visível de uma dor invisível. A dor de não ter sido ouvido. De não ter sido amado do jeito que precisava. De ter que se adaptar para sobreviver. E essa adaptação cobra um preço. Quando a criança entende que precisa se moldar para ser aceita, ela começa a abandonar partes de si. Vai se afastando da sua verdade. E mais cedo ou mais tarde, esse abandono volta em forma de compulsão. Porque a alma sabe, o corpo sente, e a dor não desaparece só porque foi ignorada. Ela se transforma, e muitas vezes, em forma de compulsão.

O mais devastador é que essa fuga, apesar de destrutiva, é o que a pessoa tem de mais próximo de alívio. Ela não sabe outro caminho. Ela não aprendeu a lidar com suas emoções, a se escutar, a se cuidar. *Então, ela busca fora o que faltou dentro.*

Mas tudo aquilo que usamos para fugir de nós mesmos, cedo ou tarde, se torna uma prisão.

A boa notícia é que é possível sair desse ciclo. Mas não com culpa. Não com cobrança. Não com vergonha. É com compaixão. Com escuta. Com presença. O primeiro passo é parar de perguntar *"O que há de errado comigo?"* e começar a perguntar *"O que aconteceu comigo?"* Porque toda compulsão tem uma história, e toda história merece ser acolhida.

A cura começa quando a gente para de fugir. Quando decide olhar para dentro, quando temos coragem de encarar a dor, não como inimiga, mas como mensageira, do que foi calado, esquecido, ignorado. E é nessa escuta interna que a transformação começa. É quando você olha para si e diz:

Eu me vejo. Eu me reconheço.
E eu me perdoo.
Esse é o início da libertação.
Essa é a revolução silenciosa que muda tudo.

Capítulo 11

Relacionamentos saudáveis:

Quando o coração sai do campo minado

Sair de um relacionamento abusivo não é, por si só, voltar a caminhar. É como deixar uma casa em ruínas e, por algum tempo, viver em um terreno de transição: não mais lá, mas ainda não aqui. O corpo não esquece de imediato; a mente demora a confiar no que é bom; e a alma, ferida, confunde vento com tempestade. É nesse entrelugar que muitas mulheres sussurram: *"devo ter o dedo podre"*.

Mas não se trata de destino ruim, e sim de uma cartografia antiga. Experiências precoces, forjam mapas internos que nos conduzem para o que já conhecemos, mesmo quando esse conhecido não nos faz bem.

Há quem, por medo de repetir, feche as portas e prometa nunca mais amar. Há também quem entre depressa em outro vínculo, como quem busca abrigo na primeira casa acesa. Em ambos os casos, o risco é o mesmo: continuar vivendo a partir do velho mapa. *O passo que muda a rota não é correr para alguém, mas voltar a si.*

Depois da saída, quase sempre atravessamos fases distintas, e reconhecê-las ajuda a evitar culpas desnecessárias. Primeiro, a fragilidade aguda, quando tudo em você ainda treme. Qualquer gesto de aproximação aciona alarmes, porque a mente já sabe algumas coisas, mas o corpo ainda não aprendeu. Nesse tempo, entrar num namoro com pressa costuma ser como morar numa casa sem alicerce: a primeira chuva derruba.

Aos poucos, vem a reorganização. Você começa a perceber padrões, identifica um tom de voz que encolhe, a pressa travestida de cuidado, a invasão disfarçada de zelo. Ao mesmo tempo, aprende a escutar sinais de vida: conversas que ampliam, silêncios que não punem, gestos que não exigem provas. Então, a antiga frase *"eu só escolho gente que machuca"* começa a se transformar em *"agora eu percebo antes, e saio a tempo"*.

Chega, então, a prontidão. Não é ausência de medo, mas medo educado. Você sabe dizer não sem pedir desculpas por existir. Sabe receber carinho sem se culpar por sentir. E, sobretudo, sustenta o próprio ritmo.

Não é que você atraísse o pior; é que, machucada, reconhecia o pior como se fosse casa. O familiar exercia uma força hipnótica. Hoje você já sabe, familiar não é sinônimo de seguro. O aprendizado muda de eixo. O que antes passava por você sem nome agora recebe nome, e perder o anonimato é o começo do fim de qualquer padrão.

Para diferenciar repetição de caminho novo, não são necessárias grandes teorias, mas a atenção aos pequenos sinais. O toque que respeita o seu tempo e o toque que acelera sem te ouvir. O "vamos conversar?" que abre espaço, e o "você está exagerando" que diminui você.

O pedido de desculpas que vem com mudança real, e o pedido de desculpas que só adia o próximo tropeço. O convite a compartilhar amigos e rotina, e a tentativa de isolar "para cuidar melhor de você". São detalhes, portinhas de acesso. E você, que já conheceu o cárcere, sente no corpo quando uma maçaneta abre caminho para fora ou te leva de volta para a mesma cela.

Dizer "não" também é parte da cura. Mas não se trata de dureza, e sim de bordas. *O "não" que nasce da consciência não é pedra; é contorno.* Ele desenha sua forma no mundo. Quem ama de verdade não tenta lixar suas bordas para que você caiba; aprende a dançar com elas. Quando um limite é recebido sem guerra, não apenas uma vez, mas repetidamente, a confiança deixa de ser teoria e passa a ser experiência.

Aos poucos, você aprende a abrir-se sem cair. Já entende a diferença entre controle e cuidado, entre ciúme e interesse. Mas o corpo ainda pode hesitar. Não brigue com isso. Caminhe com quem caminha ao seu lado um ritmo que honre sua história, passos curtos, conversas claras, pausas que não punem. Não é condição para o outro; é cuidado com ambos. Quem fica, entende, quem não entende, não ficaria por você, ficaria pelo que poderia extrair de você.

E, sim, o medo pode voltar, em tardes ensolaradas, do nada, em noites tranquilas, sem motivo. Mas não interprete o medo como prova de que você não está pronta, leia-o como lembrança do corpo. Você não precisa obedecer a todas essas lembranças, lembre se a mente, mente. Respire, escreva, você já conhece a força da palavra que organiza por dentro, peça colo seguro, de Deus, de amigos, de quem você elegeu como casa. A fé não apaga a história, dá fôlego para atravessá-la com lucidez.

Você não está procurando metade; *você é inteira.* Inteireza não é dureza, nem armadura. É ternura com espinha dorsal. É poder dizer "eu desejo" e "eu não quero" com o mesmo respeito por si. É compreender que o amor não pede que você encolha, mas que cresça. E crescer às vezes dói; mas é dor de alongamento, o coração reaprendendo o espaço perdido.

E quando for diferente, você vai perceber. Não porque não existam conflitos, eles sempre existirão, mas porque, nos conflitos, você não desaparece, sua voz não precisa gritar para ser ouvida, seu corpo não se contrai para existir. Sua fé não é usada contra você, o vínculo não exige pedaços seus como pagamento. E, nos dias difíceis, haverá mãos, não algemas.

Se você saiu de um relacionamento abusivo, não se cobre pressa. O amor não é prova de recuperação. Recuperação é o caminho que devolve você a si mesma. E, quando você se reencontra, o amor, o bom, deixa de ser ameaça. Ele não vem para apagar o passado, mas para caminhar com você no presente, com respeito, com alegria, com lar.

Relacionar-se de forma saudável não é esquecer o que passou, mas escolher, a cada dia, que o amor de amanhã não precisa repetir as feridas de ontem.

Parte 2

As palavras que curam

Caderno de Exercícios Terapêuticos

Introdução

Você chegou até aqui trazendo consigo histórias, dores e descobertas. Na primeira parte deste livro, percorremos memórias, conceitos, relatos e reflexões sobre o cárcere invisível que tantas vezes aprisiona a mente e o coração. Agora, damos um novo passo: transformar palavras em caminho de cura.

Esses exercícios não foram criados para serem provas ou testes. Eles não têm certo ou errado. Eles são convites. Convites para olhar para dentro, ouvir o que antes foi silenciado, escrever o que nunca pôde ser dito, dar forma àquilo que ficou escondido. Cada pergunta, cada espaço em branco, é uma oportunidade de se reconectar consigo mesma.

Talvez, em alguns momentos, você sinta resistência. É natural. Cuidar da alma é como abrir uma janela depois de muito tempo: entra luz, mas também pode levantar poeira. Vá no seu ritmo. Se sentir que está pesado demais, feche por um instante, respire, e volte quando estiver pronta. Este não é um caminho de pressa, é um caminho de presença.

Alguns exercícios trarão explicações para guiar sua reflexão. Outros deixarão apenas o espaço livre para você escrever. Use esse espaço como se fosse um diálogo com sua própria alma. Permita-se escrever sem censura, sem medo de julgamento. Aqui, a sua voz é bem-vinda, inteira, verdadeira.

Que este caderno seja mais do que páginas preenchidas. Que ele seja um espelho, um abraço e um passo adiante. Porque as palavras que você colocar aqui não são apenas letras: são sementes de cura.

Exercício 1 – A Linha do Tempo da Vida

Antes de qualquer reconstrução, precisamos olhar para trás. Não para reviver a dor, mas para compreender o caminho percorrido. Nossa história não é um bloco único: ela é feita de fragmentos, marcos, memórias. Alguns nos fortalecem, outros ainda nos ferem. Traçar a linha do tempo da sua vida é como abrir um mapa: você começa a enxergar de onde veio, os vales por onde passou, as montanhas que escalou, os desertos que atravessou, as conquistas que alcançou.

Como fazer:

1. No espaço a seguir está uma linha horizontal, representando o seu caminho de vida, do **Nascimento até Hoje.**
2. Ao longo dessa linha, escreva os momentos significativos da sua história. Não precisa seguir uma ordem cronológica perfeita, deixe o coração guiar.

   • Momentos de dor (traumas, abusos, perdas, rupturas).

   • Momentos de amor (afetos recebidos, pessoas que marcaram positivamente).

   • Conquistas (pequenas e grandes vitórias, mesmo aquelas que parecem simples).

   • Silêncios (situações em que você quis falar e não pôde).

3. Se desejar, use **cores diferentes** para identificar cada tipo de momento:

   - vermelho para dor
   - azul para conquistas
   - verde para afetos
   - preto para silêncios

Reflexão:

Quando terminar, afaste um pouco o papel e observe:

- Há mais marcas de dor ou de alegria?
- Quais períodos estão mais carregados?
- Quais fases parecem "vazias", como se nada tivesse existido?

Perceba: o que falta também fala. Às vezes, o vazio é um silêncio que nunca foi narrado.

Nascimento

Hoje

Depois de olhar para sua linha do tempo, responda:

Quais momentos eu nunca tinha contado a ninguém e agora coloquei no papel?

O que eu sinto ao ver minha história diante dos meus olhos?

Se eu pudesse dar um título para cada fase da minha vida, quais seriam?

Exercício 2 – Meu Corpo, Minha História

O corpo fala aquilo que muitas vezes a boca não consegue dizer. Cada cicatriz, cada dor, cada aperto no peito ou nó na garganta carrega uma história. Ele guarda lembranças que a mente tenta esquecer. Por isso, olhar para o próprio corpo com atenção e compaixão é um passo essencial no processo de cura.

Como fazer:

Na próxima página, você verá a silhueta do corpo humano. Observe-a com calma, em silêncio, por alguns minutos.

Pergunte a si mesma:

a. Onde sinto dor com frequência?

b. Em quais partes do meu corpo sinto tensão?

c. Onde sinto leveza ou força?

No desenho, marque:

Vermelho – áreas de dor ou tensão.

Azul – áreas de leveza.

Amarelo – locais de memória significativa (um abraço, um trauma, um toque).

Quais lembranças vêm quando penso nessa parte do corpo?

Há algo que meu corpo tenta me dizer e eu ainda não escutei?

Como eu trato meu corpo: como aliado ou como inimigo?

Agora, coloque a mão sobre uma dessas áreas que você marcou e faça o seguinte exercício de auto acolhimento:

- Respire fundo três vezes.
- Toque o local com delicadeza.
- Diga a si mesmo(a):
-

"Eu vejo você. Eu reconheço a dor que você carrega. Eu estou aqui agora para cuidar de você."

Porque o corpo não mente. Ele é o primeiro a sinalizar quando algo não vai bem. Ele guarda as memórias que a mente recalca. Aprender a escutá-lo é recuperar uma parte essencial da sua voz e da sua verdade.

Exercício 3 – O Silêncio e a Voz

O silêncio pode ser um lugar de refúgio, mas também pode ser uma prisão. Muitas vezes, o que não foi dito se transformou em peso dentro da alma. Resgatar a própria voz é um ato de libertação.

Como fazer:

No espaço abaixo tem duas colunas:

a. **Coluna 1 – Silêncios que carrego:** escreva frases, memórias ou situações que você nunca disse a ninguém ou que sempre evitou falar. Não precisa ser longo, basta nomear.

b. **Coluna 2 – O que eu gostaria de ter dito:** ao lado de cada silêncio, escreva como você gostaria de ter se expressado na época, se pudesse.

Silêncios que carrego	O que eu gostaria de ter dito

Escolha uma dessas frases da **Coluna 2** que seja mais forte para você. Escreva uma carta (não precisa enviar para ninguém) como se estivesse finalmente dizendo essas palavras em voz alta.

Leia a carta como se estivesse contando para você mesma. Se sentir necessidade, leia em voz alta diante do espelho.

- O que sinto no corpo quando me dou permissão para falar o que calei?

- Que medo me fazia (ou ainda me faz) silenciar?

- O que muda em mim quando percebo que posso nomear minha dor?

Porque a cura não acontece apenas no silêncio, mas também no ato de nomear. Dar voz ao que foi calado é romper com o ciclo de submissão e abrir caminho para uma nova narrativa de si mesmo(a).

Exercício 4 – Primeiro Encontro com a Criança Interior

Dentro de você habita uma criança que ainda guarda marcas, memórias e sonhos. Ela não desapareceu com o tempo: apenas ficou em silêncio, esperando ser ouvida novamente. Neste exercício, você não precisa se aprofundar em lembranças dolorosas; vamos apenas abrir a porta para reconhecer essa criança e oferecer a ela acolhimento.

Pense nisso como um **primeiro encontro**, uma aproximação delicada e respeitosa. Quando acolhemos a nossa criança interior, começamos a compreender por que sentimos certas coisas hoje, mas, acima de tudo, aprendemos a cuidar de nós mesmos com mais amor.

Antes de responder, feche os olhos por alguns instantes e imagine-se caminhando até encontrar a criança que você foi. Observe sua expressão, sua postura, seus olhos. Permita-se sentir a presença dela.

1. Como você imagina que sua criança interior apareceria diante de você neste momento?

____

____

____

2. Se pudesse se sentar ao lado dela, o que diria para quebrar o silêncio inicial?

3. Que palavras simples de cuidado ou carinho você acredita que ela gostaria de ouvir?

4. O que você sente ao olhar para ela? (Medo, ternura, compaixão, estranhamento?)

5. Escreva uma pequena mensagem que você diria a essa criança para fazê-la se sentir segura neste primeiro encontro.

Exercício 5 – O espelho da alma

Muitas vezes, passamos a vida olhando no espelho apenas para ajustar o cabelo, a roupa ou os detalhes do rosto. Mas o espelho não reflete apenas a aparência: ele pode ser uma porta para dentro de nós. A forma como você se enxerga pode revelar quanto amor ou julgamento você tem carregado por si.

Este exercício não é sobre estética, mas sobre identidade. É sobre aprender a sustentar o próprio olhar e, nele, descobrir aquilo que por tanto tempo foi escondido ou negado.

- Você consegue se olhar nos olhos, diante do espelho, sem desviar?

____

____

____

- O que vem primeiro: críticas ou reconhecimento?

____

____

____

Quando você se vê, aparece mais a voz que te condena ou a voz que te acolhe?

A forma como você se enxerga pode ser o reflexo de como aprendeu a ser visto no passado. Mas agora, o espelho pode se tornar o lugar da cura, o espaço onde você aprende a se reconhecer de verdade.

A Prática

1. **Sente-se diante de um espelho**. Respire fundo algumas vezes.
2. **Olhe nos seus olhos**. Não desvie. Apenas sustente o olhar.
3. Observe o que surge: pensamentos, críticas, emoções, memórias. Não lute contra elas, apenas registre.
4. Depois, escreva uma declaração para si mesma. Algo que você nunca ouviu ou que sempre quis ouvir. Pode começar com frases como:

a. "Eu me vejo..." "Eu me reconheço..." "Eu escolho me amar..."

5. Se sentir vontade, leia em voz alta diante do espelho. Escute a força da sua própria voz.

6. **Agora registre o que sentiu, pensou e escreveu diante do espelho.**

Este exercício não é para corrigir ou mudar quem você é, mas para permitir que sua alma apareça.

O espelho, que tantas vezes foi lugar de julgamento, pode se tornar agora o altar da reconciliação consigo mesmo(a).

Exercício 6 – O Jardim que Habita em Você

Feche os olhos por um instante e imagine que dentro de você existe um jardim. Esse jardim é único, ninguém no mundo tem um igual. Algumas flores já floresceram, outras ainda estão em botão, aguardando a estação certa. Há caminhos claros, mas também trilhas escondidas, onde a luz demora a entrar. E talvez existam até partes descuidadas, onde a terra parece seca ou coberta de ervas daninhas.

Esse jardim é a representação da sua alma. Ele mostra tanto a beleza que você já expressa, quanto os lugares que pedem cuidado. O exercício agora é olhar para esse jardim com atenção e ternura.

Orientação

A seguir, a página está dividida em três partes.

1. **Flores que já floresceram:** Escreva quais qualidades, conquistas e características você reconhece em si mesma hoje. Mesmo que pareçam pequenas, elas têm valor.

2. **Botões que aguardam a estação:** Anote sonhos, desejos ou potenciais que você sente que ainda não

floresceram. Podem ser coisas simples (um curso, um hobby) ou profundas (um projeto de vida, uma cura interior).

Terra que pede cuidado:

Escreva quais áreas da sua vida você sente que estão secas, negligenciadas ou feridas. Não para se julgar, mas para reconhecer onde é preciso regar com mais amor.

Flores que já floresceram	***Botões que aguardam a estação***	***Terra que pede cuidado***

Depois de escrever, leia em voz alta para si mesma.

Em seguida, responda:

- Que flores você já esqueceu de valorizar em si?

____

____

O que pode ser feito para regar os botões que esperam a estação certa?

- Como você pode cuidar da terra que hoje parece seca, sem pressa, mas com constância?

Esse exercício é um convite para olhar a si mesma não como alguém quebrada, mas como alguém que guarda dentro de si um jardim em movimento. Há sempre algo florescendo, algo esperando, algo pedindo cuidado. E tudo isso é você.

Exercício 7 – As Pequenas Vitórias

Muitas vezes, a dor ocupa tanto espaço que nos faz esquecer que sobrevivemos, que caminhamos, que chegamos até aqui. Cada passo dado, por menor que pareça, foi uma vitória silenciosa. Reconhecer isso não é arrogância: é gratidão.
É dar a si mesma o crédito por não ter desistido.

Orientação

Abaixo escreva três momentos em que você foi mais forte do que acreditava ser. Eles não precisam ser grandes feitos. Podem ser coisas simples, como ter levantado da cama em um dia difícil, ter cuidado de alguém mesmo quando você estava em pedaços, ou ter dito "não" quando todo o medo dizia "sim".

1. O que esses momentos revelam sobre sua força?

O que você aprendeu sobre si mesma em cada um deles?

2. Se você pudesse agradecer à versão de você que viveu esses dias, o que diria?

Exercício 8 – O abraço em si mesmo

Muitas vezes esperamos que o abraço venha de fora. Queremos que alguém nos acolha, nos diga que está tudo bem, que somos amados e suficientes. Mas a verdade é que o abraço mais transformador não é o que recebemos, e sim o que aprendemos a dar em nós mesmos. Este exercício é um convite para resgatar a experiência de se acolher, de sentir que você pode ser colo para si.

Abraçar a si mesmo não é sinal de carência ou de fraqueza. É sinal de maturidade. É reconhecer que, mesmo que o mundo falhe, você pode estar presente para si, oferecendo o carinho e a aceitação que sempre buscou.

- Quando foi a última vez que você se acolheu de verdade?

____

____

O que é mais fácil: criticar-se ou abraçar-se?

____

____

Se pudesse se ver como uma criança diante de você agora, o que ela precisaria ouvir ou sentir?

1. Encontre um lugar tranquilo. Sente-se ou deite-se confortavelmente.

2. Cruze os braços ao redor do corpo ou se desejar, pode utilizar um travesseiro ou uma pelúcia, e abrace-se de verdade, com firmeza e ternura.

3. Feche os olhos e imagine que você é essa criança que precisa ser acolhida.

4. Sinta o calor do seu próprio corpo. Respire fundo e repita em silêncio ou em voz baixa frases como:

- "Eu estou aqui para você."
- "Você não está sozinho(a)."
- "Você merece cuidado e amor."

5. Após o abraço, registre o que sentiu: resistência, alívio, estranheza, emoção. Não julgue, apenas anote.

Relate como foi a experiência, o que sentiu ao se abraçar e o que percebeu em si:

A cura não começa quando alguém de fora nos acolhe, mas quando nós mesmos escolhemos nos acolher.

Um abraço em si é a declaração silenciosa de que você pertence a si mesma e sempre terá onde descansar.

Exercício 9 – Quarto fechado da alma

Todos nós temos dentro de nós um "quarto fechado": aquele lugar da memória onde guardamos lembranças que doem. Às vezes, trancamos a porta e deixamos lá dentro as vozes, os rostos e os episódios que marcaram a nossa história. Achamos que, se não olharmos, a dor vai sumir. Mas ela não some. Ela fica esperando, como um eco, influenciando nossas escolhas e até nossos silêncios.

Abrir esse quarto não é fácil. Requer coragem, e ternura. Não é entrar para reviver a dor, mas para dar nome a ela. Só aquilo que ganha nome pode ser transformado.

- Existe alguma lembrança que você evita tocar porque dói demais?

- Se esse quarto tivesse cheiro, cor, temperatura... como seria?

O que você acredita que ainda está trancado lá dentro?

1. Feche os olhos e imagine um quarto. Pode ser real (um lugar da sua infância, da sua casa) ou simbólico.
2. Visualize essa porta. Veja como ela é. Toque nela com sua mente. Ela está trancada? Enferrujada?
3. Agora, escreva: o que você acredita que está guardado lá dentro? Palavras, cenas, pessoas, sentimentos. Não precisa abrir totalmente. Esse exercício não é para forçar. É apenas para se aproximar da porta, observar e registrar.
4. Ao final, escreva uma frase de escolha:

"Eu não sou prisioneiro(a) desse quarto. Aos poucos, posso abrir a porta e trazer luz."

Descreva o quarto, os elementos guardados e a frase de escolha ao final.

Olhar para esse quarto não significa entrar de uma vez. Significa reconhecer que ele existe, e que você não está sozinho(a) diante dele. O processo da cura é abrir a porta devagar, no seu tempo, até que o ar novo entre e a escuridão não faça mais morada.

Exercício 10 – As vozes que moram em mim

Dentro de cada um de nós existem vozes. Algumas nos acolhem: são as vozes da mãe que cuidou, do amigo que apoiou, do abraço que confortou. Mas há também as vozes duras: frases que escutamos na infância, críticas repetidas, palavras que se transformaram em marcas. Muitas dessas vozes ficam tão enraizadas que passam a soar como se fossem nossas, quando, na verdade, são ecos do passado.

O desafio é distinguir quais vozes realmente pertencem a você, aquelas que revelam quem você é, e quais são heranças de dor que você não precisa mais carregar.

- Quais frases você mais repete para si mesmo(a)?

- Essas frases são de acolhimento ou de acusação?

- Quando você se escuta, parece estar ouvindo a si mesmo(a) ou alguém do passado falando através de você?

A Prática

1. Na primeira coluna, escreva as frases ou pensamentos mais comuns que surgem quando você erra, quando está sozinho(a) ou quando sente medo.
2. Na segunda coluna, escreva de quem, possivelmente, veio essa voz: pai, mãe, professor, líder religioso, parceiro(a), ou até mesmo você em um momento de dor.

3. Leia em voz alta cada frase da primeira coluna. Perceba como o corpo reage. Alguma voz faz você encolher, chorar, sentir raiva?

____

____

4. Agora, escolha uma das frases mais duras e reescreva-a com palavras de verdade e amor. Por exemplo:

    a. “Você nunca vai ser ninguém” → **“Eu tenho valor e posso crescer no meu tempo.”**

b. “Ninguém vai te amar” → **“Eu mereço amor e já carrego dentro de mim o primeiro amor: o meu próprio.”**

Ao terminar, escreva uma declaração final: *“Eu não sou a soma das vozes que me feriram. Eu sou a voz que escolho ser a partir de agora.”*

As vozes do passado podem ter moldado sua história, mas não precisam ser a sua identidade. A partir deste exercício, você começa a assumir o microfone da própria vida: é você quem decide qual voz vai conduzir o seu caminho.

Exercício 11 – As máscaras que eu visto

Desde cedo aprendemos a usar máscaras. Algumas foram necessárias para sobreviver: a máscara da força quando queríamos chorar, a máscara da alegria quando por dentro estávamos quebrados, a máscara da obediência quando tínhamos vontade de gritar. Essas máscaras são estratégias de defesa, mas, com o tempo, podem se tornar prisões.

Elas nos afastam da autenticidade, da liberdade de ser quem realmente somos. É como viver dentro de um teatro, encenando papéis diferentes para agradar, proteger ou evitar dor. O problema é que, quanto mais tempo usamos uma máscara, mais difícil fica lembrar o rosto verdadeiro que existe por trás dela.

- Quais papéis você mais desempenha no seu dia a dia?

- Existe alguma parte de você que quase nunca aparece em público?

- Quando você está sozinho(a), quem realmente emerge?

A Prática

1. Feche os olhos por alguns instantes e imagine-se em um grande palco. Visualize todas as máscaras que já usou: a da "forte", do "bonzinho", do "independente", do "perfeito", do "sempre feliz".

2. Desenhe ou escreva o nome de pelo menos três máscaras que você reconhece em si.

   a. Exemplo: "A que sempre sorri", "A que nunca pede ajuda", "A que precisa ser perfeita."

3. **Para cada máscara, responda**:

a. Em que momento da vida eu precisei dela?

b. O que essa máscara escondia?

c. Ela ainda me protege ou apenas me aprisiona?

4. Escolha uma das máscaras que já não faz sentido para sua vida hoje. Escreva uma carta curta de despedida a ela. Pode começar assim:

"Eu agradeço o que você fez por mim, mas não preciso mais de você. Agora escolho viver sem disfarces."

Podem ter sido necessárias em algum tempo, mas agora você está em outro lugar da sua jornada. Não é mais sobre sobrevivência: é sobre viver de forma plena, sendo você, sem medo de mostrar o rosto verdadeiro.

Exercício 12 – O peso que não é meu

Muitos dos fardos que carregamos não nasceram em nós. São pesos herdados: palavras que ouvimos na infância, expectativas que nos foram impostas, culpas que nunca foram nossas, responsabilidades que ultrapassavam a idade que tínhamos. Carregar o que não nos pertence pode nos deixar exaustos e confusos, como alguém que caminha por uma estrada segurando malas cheias de coisas alheias.

Este exercício é um convite para reconhecer o que, de fato, é seu e o que foi colocado sobre você injustamente. A cura começa quando conseguimos diferenciar o que nos cabe do que foi projetado em nós.

- Quais frases ou crenças você lembra de ter escutado desde pequeno(a) que ainda ecoam em sua mente?

- Você sente que precisou assumir papéis maiores do que a sua idade?

- Há culpas que você carrega, mas que, olhando com sinceridade, nunca foram suas?

A Prática

1. Pegue duas folhas de papel.

a. Na primeira, escreva: **"O peso que nunca foi meu"**. Liste todas as culpas, cobranças e responsabilidades que não lhe pertencem.

b. Na segunda, escreva: **"O que de fato é meu"**. Liste aquilo que faz parte da sua história e que você decide assumir como responsabilidade real.

2. Leia em voz alta a primeira lista. Perceba como seu corpo reage a cada frase.

3. Quando terminar, dobre essa folha e coloque-a de lado. Depois, leia a segunda lista e sinta a diferença.

4. Agora, escolha uma forma simbólica de se despedir dos pesos que não são seus: rasgar, queimar com cuidado, jogar na água ou simplesmente guardá-la em uma caixa de fechamento.

5. Finalize escrevendo uma declaração para si mesmo(a):

"Eu me liberto daquilo que não me pertence. Eu escolho carregar apenas o que é meu e que posso sustentar."

Quando você solta o que não é seu, descobre que pode caminhar mais leve. A vida não pede que você carregue o mundo inteiro, apenas que seja fiel à sua própria jornada.

Exercício 13 – Reconhecendo meus recursos internos

Quando a dor e os traumas falam alto, é comum acreditar que somos apenas feitos de faltas, de feridas e de ausências. Mas dentro de cada pessoa existem recursos, talentos e forças que, muitas vezes, ficam escondidos debaixo do entulho da dor. Reconhecer esses recursos não significa negar as dificuldades, mas lembrar que você não é só elas.

Você é muito mais.

Assim como um terreno abandonado pode, com cuidado, revelar flores ainda vivas sob a terra seca, sua alma guarda sementes que continuam esperando a hora de brotar. Este exercício é um mergulho para resgatar o que você já tem e talvez tenha esquecido.

- Quais qualidades já reconheceram em você que você mesmo(a) tem dificuldade de ver?

- O que você já superou que parecia impossível?

- Em quais momentos da sua vida você se surpreendeu com a própria força?

- Se alguém que te ama profundamente descrevesse você em três palavras, quais seriam?

A Prática

Preencha abaixo as três colunas com calma, lembrando-se de momentos em que cada recurso apareceu na sua vida:

Forças	Habilidades	Valores

Depois, escolha **três recursos** que mais lhe dão orgulho ou segurança e escreva um pequeno parágrafo sobre cada um, descrevendo como eles já fizeram diferença na sua história.

Recursos:

____

____

____

Recursos:

____

____

____

____**Recursos:**

____

____

____

Para finalizar, escreva uma carta curta para si mesmo(a), começando com frases como:

- "Eu reconheço em mim..."
- "Eu me recordo de quando fui forte ao..."
- "Eu escolho honrar em mim..."

A verdadeira cura não é apenas retirar a dor, mas também despertar a vida que estava sufocada por ela. Quanto mais você reconhece seus recursos, mais entende que já carrega dentro de si o que precisa para seguir em frente.

Exercício 14 – O lugar seguro dentro de mim

Traumas e dores criam na mente a sensação de que o mundo é um território perigoso. Às vezes, até dentro da própria casa ou do próprio corpo parece não haver refúgio. No entanto, dentro de cada pessoa existe a possibilidade de construir um lugar seguro, um espaço interno, simbólico, que serve como abrigo quando a tempestade aperta.

Esse lugar não é fuga, mas uma âncora. É o ponto para onde você pode retornar quando tudo lá fora parece instável. É o lugar onde sua alma respira, onde você se sente visto(a) e acolhido(a).

- Como seria um lugar em que você se sentiria totalmente em paz?

- Que cheiros, sons, cores ou imagens esse lugar teria?

- O que precisa estar presente nesse espaço para que você sinta calma?

- Quem ou o que jamais entraria nesse lugar?

A prática

1. Feche os olhos por alguns instantes. Respire fundo e imagine o cenário desse lugar seguro.

2. Observe os detalhes: se há natureza, móveis, luz do sol, cheiro de café, barulho de mar... tudo o que traga conforto.

3. Desenhe esse lugar ou descreva-o em palavras, com riqueza de detalhes. Não importa se o desenho é simples, o que importa é que faça sentido para você.

4. Escreva uma frase-chave que represente este espaço. Algo como:

a. *"Aqui eu estou em paz."*

b. *"Aqui nada pode me ferir."*

c. *"Este é o lugar onde eu posso descansar."*

Sempre que a ansiedade ou a dor aparecer, volte mentalmente para esse lugar seguro. Leia sua frase-chave em voz alta e permita-se sentir o alívio de estar nele.

Ter um lugar seguro interno não elimina os problemas do mundo, mas cria dentro de você uma fortaleza onde pode respirar e se recompor. Este espaço é sua lembrança viva de que sempre haverá um refúgio em você, mesmo nos dias mais difíceis.

Exercício 15 – A mala da viagem

Imagine-se num aeroporto, prestes a embarcar para uma nova fase da vida. Diante de você, está sua mala. Mas, quando tenta levantá-la, percebe que está pesada demais. Ao abri-la, descobre que ali dentro não estão roupas, mas lembranças dolorosas, culpas antigas, expectativas que os outros colocaram sobre seus ombros.

Quantas vezes você tentou seguir viagem, mas não conseguiu porque sua mala estava cheia do que não era necessário?

A proposta

Hoje, você vai reorganizar sua mala. Vai escolher o que continua e o que precisa ser deixado para trás.

1. Em uma folha, desenhe uma mala aberta.
2. Dentro dela, escreva os pesos que ainda carrega:
3. palavras, lembranças, pessoas, situações, crenças.
4. Agora, faça uma segunda mala, menor, e escreva o que realmente deseja levar consigo: valores, aprendizados, memórias de amor, sonhos, promessas.
5. Rasgue ou descarte simbolicamente a mala pesada. Guarde a leve.

O que você percebeu ao listar seus pesos?

Qual foi o mais difícil de deixar para trás?

- O que trouxe alívio imediato ao colocar na mala leve?

Exercício 16 – A Primeira Máscara é Sua

Em cada voo, antes da decolagem, a aeromoça repete as instruções:

"Em caso de despressurização, coloque a máscara de oxigênio primeiro em você, e só depois ajude a quem está ao seu lado."

Pode parecer egoísmo, mas é sobrevivência. Se você desmaiar por falta de ar, não conseguirá ajudar ninguém.

Na vida é a mesma coisa: muitas vezes nos dedicamos a salvar todos à nossa volta, mas esquecemos de respirar. Este exercício é um convite para olhar para si mesma não como última prioridade, mas como **primeira fonte de cuidado**.

- Quantas vezes você deixou de se cuidar para cuidar dos outros?

- O que acontece com você quando coloca todos em primeiro lugar?

- Você já se sentiu sufocada por tentar carregar o mundo sem antes se abastecer?

- O que seria, para você, “colocar a máscara primeiro”? (Ex.: descansar, dizer “não”, buscar terapia, se alimentar melhor, separar um tempo só seu.)

A Prática

1. **Visualização guiada**
   Imagine que o avião da sua vida passa por turbulências.
   As máscaras caem.
   Você olha ao redor: todos precisam de ajuda.

Mas antes... você coloca a sua. Respira fundo.
Agora sim, você tem ar para continuar.

2. **Escreva:**

a. O que é, hoje, a sua "máscara de oxigênio"?

b. Quais práticas de autocuidado você precisa assumir para não sufocar?

c. Quem você conseguiria ajudar melhor se estivesse mais inteira?

Escreva uma frase de pacto consigo mesma:

"Eu não posso salvar ninguém se estiver sufocando."

Cuidar de si não é abandonar os outros. É garantir que sua presença seja forte, lúcida e inteira para quando for amar, apoiar e acolher. A primeira máscara é sua, porque só assim você poderá dar vida a quem ama.

Exercício 17 – Você não é tomada infinita

Pense em um celular. Quando a bateria chega em 1%, o aviso aparece: **"recarregue agora"**. Se ignorar, ele apaga.

Simples assim.

Com você acontece o mesmo. Seu corpo dá sinais: cansaço, dores, insônia. Sua mente dá sinais: esquecimento, irritabilidade, falta de foco. Sua alma dá sinais: vazio, tristeza, solidão. Mas, diferente do celular, muitas vezes você insiste em continuar sem se recarregar. E pior: ainda entrega o **seu carregador** aos outros, deixando para depois a sua própria energia.

Este exercício é sobre aprender que você não é tomada infinita, e que se recarregar é questão de sobrevivência, não de luxo.

- Quais são os sinais que seu corpo e sua mente já deram de que você estava "na reserva"?

- Você costuma perceber quando está esgotada ou só quando já "apagou"?

- Para quem ou para o quê você tem entregado sua energia antes de se abastecer?

- O que significa, para você, estar com "100% de carga"?

A Prática

1. **Mapeando a sua bateria**

Desenhe uma bateria, divida em quatro níveis:

a. 100% – Cheia de energia, centrada, com clareza.
b. 75% – Bem, mas precisando de pausa em breve.
c. 50% – Funcionando, mas já no modo economia.

d. 25% – Exausta, prestes a apagar.

Marque: em qual nível você está hoje?

Seus carregadores

Liste três coisas que realmente te recarregam (ex.: ouvir música, orar, caminhar, escrever, terapia, dançar, rir com alguém de confiança).

Seus drenos

Liste três situações ou pessoas que mais sugam sua energia, e que você continua permitindo.

Compromisso de recarga

Escolha um “carregador” e escreva no livro quando e como você vai usá-lo ainda esta semana.

Seu celular você nunca deixa acabar. Por que, então, insiste em deixar sua alma sem carga? Você tem direito de se recarregar. Tem direito de dizer "não" ao que te drena. Tem direito de reservar energia para aquilo que importa. Lembre-se: ninguém sobrevive com 1%.

Exercício 18 – Recalculando a rota

O GPS do carro sempre busca o caminho mais rápido para o destino. Mas há um detalhe: ele só consegue indicar as rotas que já conhece. A mente funciona de forma parecida. Ela prefere repetir caminhos familiares, mesmo que sejam dolorosos.

É por isso que tantas vezes você se pega voltando para relacionamentos abusivos, repetindo padrões de autossabotagem, ou se colocando em situações que parecem "velhas conhecidas".

A mente pensa: *"Conheço esse caminho,* é *familiar".* Mas familiar não significa seguro.

Este exercício é um convite para você **recalcular a rota emocional**. Parar de andar em círculos no inferno conhecido e começar a abrir estradas para destinos de paz.

- Quais rotas você tem repetido na sua vida que só te levam para dor?

- Que padrões familiares (aprendidos na infância) ainda estão ditando suas escolhas hoje?

- Existe alguma parte de você que sente medo do novo, mesmo sabendo que o velho faz mal?

- Qual seria o “destino” que você deseja alcançar agora (na vida emocional, profissional ou espiritual)?

A Prática

Desenhando seu mapa

No espaço do livro, faça um desenho simples de duas estradas:

- **Estrada 1:** o caminho velho, repetitivo, cheio de buracos (coloque palavras que apresentam esses padrões: medo, silêncio, abuso, autossabotagem).
- **Estrada 2:** o caminho novo, ainda desconhecido, mas que leva a um lugar de vida (coloque palavras como liberdade, respeito, amor, escolha, paz).

Estrada 1

Estrada 2

A voz do GPS

- Escreva uma frase que simbolize a “voz interna” que sempre te faz voltar para o mesmo lugar.

(Ex.: “É melhor não arriscar”, “Você não merece coisa melhor”, “Vai dar errado de novo”).

Reprogramando a rota. Agora, escreva a frase que você gostaria que o seu GPS interno começasse a repetir.

(Ex.: “Você pode escolher outro destino”, “O novo também pode ser seguro”, “Dessa vez, você tem o volante”).

Compromisso de estrada

Defina uma pequena ação prática, um passo real, por menor que seja, que te ajude a sair da estrada antiga e experimentar a nova.

Se você sempre seguir o mesmo GPS interno, vai chegar sempre ao mesmo

lugar. Mas, quando você ousa recalcular a rota, descobre que existem caminhos

que nunca imaginou, e que eles podem te levar para a vida que você merece.

Exercício 19 – Eu sou cura ou sou veneno?

Toda ferida não cuidada escorre. E, quando escorre, ela pode manchar não só quem a carrega, mas também quem está ao redor. Às vezes, quem foi ferido repete no outro as mesmas palavras duras que um dia ouviu. Às vezes, quem não recebeu afeto cobra dos outros aquilo que nem sabe dar. Quem cresceu invisível, sem perceber, também torna invisível quem está perto.

Isso não significa que você seja má. Significa que a dor, quando não é curada, cria ecos. E esses ecos atravessam gerações. É assim que padrões se repetem: uma mãe ferida ferindo sem querer, um homem machucado machucando, uma mulher silenciada silenciando. O contrário também é verdade: uma pessoa que se reconhece ferida e decide interromper o ciclo pode se tornar cura.

Este exercício é um convite corajoso: olhar para si mesma não só como vítima, mas também como alguém que tem impacto na vida de quem ama.

- **Quem você tem sido para as pessoas ao seu redor?** Um lugar de paz ou de tensão?

- **Quais palavras ou atitudes você já percebeu repetir, que, no fundo, não gostaria de repetir?**

- **O que você projeta nos outros?** Medo, cobrança, desconfiança... ou apoio, afeto, escuta?

- **Se um filho, um amigo ou um parceiro descrevesse como se sente perto de você, o que ele diria?**

No espaço a seguir, escreva duas colunas:

- **Coluna 1 – Veneno**: palavras, atitudes, silêncios ou cobranças que você já percebeu que ferem.
- **Coluna 2 – Cura**: gestos, presenças, pequenas coisas que você já ofereceu e que foram bálsamo.

Veneno	**Cura**

Agora, responda em poucas linhas:

"Hoje, eu escolho deixar de ser veneno quando..." "Hoje, eu escolho ser cura quando..."

Reconhecer que você já feriu não é condenação, é libertação. É dizer: "Eu não quero mais repetir o que fizeram comigo." Assim como a dor se repete, a cura também pode se repetir. A decisão de interromper o ciclo pode começar em você.

Exercício 20 – Colocando-me na Minha Própria Agenda

Você anota compromissos, horários de trabalho, reuniões, contas a pagar, demandas dos filhos, pedidos dos outros. Sua agenda está sempre cheia. Mas, em meio a tudo isso, onde está o seu nome?

Muitas vezes, quem cuida de todos esquece de cuidar de si. Acha que parar para descansar é luxo. Que dizer “não” é egoísmo. Que reservar um tempo para si mesma é perda de tempo. Mas a verdade é que quem nunca se coloca na própria agenda vai se esgotando em silêncio, até não sobrar nada para oferecer.

Autocuidado não é capricho. É sobrevivência. É sustento. É também amor. E se você não aprender a se colocar em primeiro lugar em alguns momentos, cedo ou tarde o corpo e a alma vão cobrar o preço.

- O que você faz, de forma concreta, para cuidar de si mesma hoje?

____

____

____

- Quando foi a última vez que você reservou tempo só para você, sem culpa?

- Quais são os sinais que o seu corpo e sua mente têm dado de que você está esquecendo de si?

- Se você fosse sua melhor amiga, o que diria para você neste momento?

No espaço abaixo, escreva sua própria **agenda da alma** para a próxima semana. Não precisa ser cheia de tarefas; apenas um compromisso por dia já é suficiente. Pode ser:

- **Segunda:** *caminhar em silêncio por 15 minutos.*
- **Terça:** *tomar um café sozinha, sem celular.*
- **Quarta:** *ler um trecho de um livro que me inspira.*
- **Quinta:** *escrever uma página sobre como me sinto.*
- **Sexta:** *ligar para alguém que me faz bem.*
- **Sábado:** *fazer algo que me dê prazer sem pressa.*
- **Domingo:** *agradecer por algo que vivi.*

Segunda	
Terça	
Quarta	
Quinta	
Sexta	
Sábado	
Domingo	

Depois de escrever, leia sua agenda em voz alta. Ouça como soa colocar o seu nome no centro da própria vida. Quem não se prioriza, se apaga devagar. Quem se coloca na própria agenda não se torna egoísta; se torna inteira. E só quem é inteira consegue amar de forma verdadeira, sem se despedaçar.

Exercício 21 — Quando eu deixo de confiar em mim

A procrastinação costuma ser vista como preguiça. Mas, na verdade, ela é muito mais complexa. Para quem carrega traumas, abusos, culpas ou medos antigos, começar algo pode ser assustador. O corpo lembra de vezes em que falhou, em que não foi suficiente, em que tentou e não adiantou. Então ele paralisa.

Cada promessa que você faz a si mesma e não cumpre funciona como um tijolo tirado da base da sua autoconfiança.

É como se uma parte de você disssesse:

"Não adianta tentar, você vai desistir de novo." E, pouco a pouco, você deixa de acreditar em si mesma.

Imersão — A história do pedreiro

Imagine que você contrata um pedreiro para fazer uma reforma em sua casa. Ele promete chegar às 8h da manhã. Você se organiza, falta ao trabalho para esperá-lo. Mas ele não aparece. No dia seguinte, ele promete de novo. E não vem. No terceiro dia, a mesma coisa.

Quantas chances você daria até deixar de acreditar nele? Agora, pense: esse pedreiro é você. Toda vez que promete e não cumpre seja uma dieta, um curso, um cuidado pessoal, um recomeço, seu cérebro registra a quebra de palavra. Ele para de acreditar em você.

Não é preguiça, é ferida, é medo de falhar outra vez. É o trauma sussurrando que você não merece avançar. Mas hoje, você pode interromper esse ciclo.

- Quantas promessas você já quebrou consigo mesma?

- Como você se sente quando lembra dessas pausas, desses inícios interrompidos?

- Se fosse uma amiga vivendo isso, o que você diria a ela?

Escreva com profundidade:

Promessas quebradas:

Liste três promessas que você já fez a si mesma e não cumpriu.

Exemplo:

"Vou sair desse relacionamento."

"Vou cuidar da minha saúde."

"Vou escrever meu livro."

O que estava por trás

Para cada promessa, escreva o que te impediu de seguir em frente.

- Medo de não ser suficiente?
- Vergonha do julgamento?
- Cansaço por sempre tentar sozinha?
- Culpa por se colocar em primeiro lugar?

O sentimento

Escreva como se sente quando percebe que não conseguiu cumprir.

- Tristeza, frustração, raiva, sensação de fracasso?

A reconstrução

Agora, escolha uma das promessas que ainda faz sentido e escreva uma nova forma de realizá-la. Mas dessa vez, em passos pequenos, possíveis.

Exemplo: "Não vou emagrecer 20kg agora, mas vou começar bebendo mais água e caminhando 10 minutos por dia."

A carta de reconciliação

Escreva uma carta curta para si mesma: "Eu entendo as vezes em que desistiu. Eu não te julgo. Eu sei que você estava cansada e ferida. Mas hoje eu quero recomeçar com você. Um passo de cada vez. Devagar, mas junto."

Você não é preguiçosa. Você não é incapaz. Você só está cansada de tantas promessas que não pôde cumprir no passado, e de tantas culpas que não eram suas. Mas agora, o ciclo pode mudar. Cada vez que você cumpre um passo, por menor que seja, você reconstrói a confiança em si mesma. Não é sobre velocidade. É sobre consistência. E consistência cura a desconfiança.

Exercício 22 – O Dominó que Para em Você

Imagine uma fileira enorme de peças de dominó, uma atrás da outra, prontas para cair. Cada peça representa uma geração: avós, pais, filhos, netos. Os comportamentos vão passando de um para o outro como um efeito dominó. Violência, silêncio, abusos, abandono, humilhações... tudo vai se repetindo porque ninguém interrompe o movimento. **Até que chega em você.**

Você pode até sentir o impacto da peça anterior, mas tem a chance de se levantar, firme e dizer: **a partir de mim, não mais.**

É aqui que o padrão se quebra. É aqui que a história muda.

- Quais padrões você percebe que herdou da sua família e que hoje já não quer mais repetir?

____

____

____

- Que dores você reconhece que passaram de geração em geração?

____

____

____

____

- Em quais momentos você se viu reproduzindo algo que um dia também feriu você?

___

___

___

- Qual será o legado que você deseja deixar para os que virão depois de você?

___

___

___

1. No espaço abaixo, desenhe uma linha de dominós caindo e, no meio, uma peça de pé. Escreva o seu nome nessa peça.
2. Ao lado dos dominós que já caíram, escreva os padrões que você não quer repetir.
(Ex.: silêncio, violência, abandono, dependência, infidelidade...)
3. Na peça que representa você, escreva uma frase de decisão, como:

a. **"Aqui a violência para."**
b. **"Aqui o silêncio não se repete."**
c. **"Aqui começa a cura."**

4. No espaço depois de você, desenhe novas peças em pé, representando as gerações futuras. Escreva

nelas palavras que você quer deixar como legado: amor, respeito, liberdade, fé, dignidade, coragem...

Os padrões só continuam quando ninguém questiona. Você não tem culpa do que recebeu, mas tem escolha sobre o que entrega. Seja a peça que interrompe a queda. Seja a peça que inaugura uma nova história.

Exercício 23 – Quando a Ansiedade Bate à Porta

A ansiedade é como um visitante inconveniente, aparece sem ser convidada, ocupa espaço demais e tenta mandar na casa que é sua vida. Ela acelera o coração, embaralha os pensamentos, cria cenários que nem aconteceram, mas parecem tão reais que você quase desiste antes de começar.

A verdade é que a ansiedade não é inimiga em si. Ela é um **alarme**. Um sinal de que sua mente está tentando te proteger, ainda que de forma exagerada. O problema é quando esse alarme dispara o tempo todo, sem motivo real, e você passa a viver em estado de alerta permanente.

Identificar a ansiedade é o primeiro passo para desarmar esse alarme.

- Como a ansiedade aparece no seu corpo: É falta de ar? Aperto no peito? Mãos suadas? Insônia?

____

____

____

____

- Como ela aparece na sua mente: Excesso de pensamentos? Cenários de catástrofe? Preocupações repetitivas?

- Como ela aparece nas suas escolhas: Você adia decisões? Evita lugares? Fica travada antes de agir?

Parte 1 –Reconhecendo o Alarme

Use o espaço abaixo para descrever três situações em que a ansiedade costuma aparecer na sua vida.

Exemplo: antes de falar em público, quando preciso dizer "não" a alguém, quando vou dormir.

Parte 2 – Nomeando a Ansiedade

Dê um nome para a sua ansiedade. Pode ser qualquer um: "a voz apressada", "o fantasma do amanhã", "o bicho da mente". Isso ajuda a entender que **a ansiedade não é você,** ela é apenas uma parte que aparece.

Parte 3 – Desarmando o Alarme

Agora, escreva três atitudes que você pode tomar quando ela aparecer.

Exemplo:

a) Respirar fundo três vezes, bem devagar.
b) Dizer para mim mesma: "Isso é só a ansiedade falando, não é a realidade."
c) Fazer uma pequena ação no presente (tomar água, escrever uma frase, caminhar).

• Parte 4 – Reescrevendo a História

Escreva uma carta curta para a sua ansiedade. Sim, para ela. Comece assim: “Ansiedade, eu sei que você tenta me proteger, mas eu não preciso mais de você desse jeito...” Continue dizendo como você deseja que essa relação mude.

A ansiedade não some da noite para o dia. Mas, quando você aprende a nomeá-la, reconhecê-la e desarmá-la, ela deixa de ser um monstro e vira apenas um sinal. E, quando você assume o controle, pode dizer:

“Aqui quem decide sou eu. O futuro não vai me roubar o presente.”

Exercício 24 — Conversando com a Depressão

A depressão é uma dor que não grita, ela sussurra, tirando a cor dos dias. Muitas vezes, quem está ao redor não percebe. Mas você sente o peso: acordar já parece uma batalha, sorrir exige forças que não vêm, viver parece apenas sobreviver.

Este exercício não é para você brigar com a depressão, mas para escutá-la de outra forma. Porque quando a escutamos sem medo, entendemos que ela não é você, ela é um sintoma.

- Se a depressão tivesse uma voz, o que ela diria para você?

____

____

____

____

____

- O que ela tenta te mostrar quando rouba sua energia?

____

____

____

____

- Em quais momentos você percebe que ela se aproxima mais?

- O que você sente que a depressão já te impediu de viver?

- Se pudesse separar sua identidade da depressão, quem seria você sem ela?

Escreva uma carta curta para a depressão, como se fosse uma pessoa.

a. Diga a ela o que você sente quando ela aparece.

b. Reconheça o espaço que ela tomou na sua vida.

c. Diga que ela não é dona de você.

gora escreva uma resposta como se a **sua própria voz de cura** estivesse falando com você.

Pode começar com frases como:

i. "Eu não sou a depressão."

ii. “Eu mereço sentir alegria.”. “A tristeza não define minha história.”

4. Finalize descrevendo três pequenas coisas que, mesmo nos dias mais difíceis, podem ser lembretes de vida para você (exemplo: tomar sol, ouvir uma música que gosta, sentir o cheiro de café, conversar com alguém de confiança).

Depressão não é preguiça, nem fraqueza. É dor que precisa ser ouvida com cuidado, tratada com amor, acompanhada com ajuda. Este exercício não substitui a terapia, mas pode ser um passo para que você perceba: a depressão é uma parte da sua história, não a sua identidade.

Exercício 25 – O Medo de Rejeição

O medo de rejeição é como uma porta de vidro: você até enxerga o outro do lado de lá, mas nunca tem certeza se será bem-vinda. Ele nasce nos primeiros vínculos, quando a criança aprende, ou não, que é digna de amor simplesmente por existir.

Quem sofreu rejeição, abandono ou indiferença, cresce acreditando que precisa sempre provar algo para merecer ficar. E por isso que tantas vezes você se cala, aceita menos do que merece, ou permanece em lugares que doem. Porque a rejeição parece insuportável, quase pior do que a própria dor.

Mas há uma verdade que esse medo não conta: você não precisa se mutilar para caber no afeto do outro. O amor verdadeiro não exige que você encolha. Ele permanece mesmo diante das suas falhas, mesmo quando você não tem nada a oferecer além de quem você é.

- Em quais momentos da sua vida você mais temeu ser rejeitada?

____

____

____

____

- Qual lembrança antiga ainda ecoa como prova de que "não é suficiente"?

- O que você já perdeu por medo de perder?

Liste situações marcantes.

Escreva três momentos em que você se sentiu rejeitada. (Pode ser na infância, adolescência ou vida adulta.)

Nomeie a sensação.

Ao lado de cada situação, escreva a emoção principal que sentiu. (Ex.: vergonha, medo, raiva, tristeza.)

Reescreva a cena.

Agora, imagine que, naquele exato momento, você tivesse alguém ao seu lado que te amasse incondicionalmente.

O que essa pessoa teria dito a você?

Escreva a frase que gostaria de ter ouvido.

Construa sua verdade.

Junte essas frases em um parágrafo e leia em voz alta para si mesma.

Liste as situações, as emoções e o parágrafo final de reconciliação.

A rejeição dói porque atinge a raiz do nosso desejo mais profundo: pertencer. Mas agora você pode aprender a se pertencer antes de tudo. E quando você se acolhe, nenhuma rejeição externa tem poder de arrancar o seu valor.

Exercício 26 — A Culpa Nunca Foi Sua

A culpa é uma das correntes mais pesadas que uma vítima de abuso ou violência carrega. Ela se infiltra nas frestas da memória e repete sem parar:

"Eu devia ter gritado."

"Eu devia ter contado."

"Eu devia ter impedido."

Mas essa é uma mentira cruel, a culpa confunde papéis. O que era dever do adulto, do agressor, da sociedade que deveria proteger, ela coloca sobre os ombros da criança, da mulher vulnerável. É como se o cérebro tivesse escolhido o réu errado para julgar.

Neste exercício, você vai devolver o peso a quem realmente o causou.

- Quando você lembra do que aconteceu, qual é a primeira frase que a culpa sussurra?

____

____

____

____

____

____

- Você costuma se culpar por *não ter feito* algo? Ou por *ter feito* o que achava errado?

- Se uma criança de 7 anos te contasse o que você viveu, você a culparia ou a acolheria? O que você falaria para ela?

Escreva a voz da culpa.

Dê espaço para que ela apareça no papel. Anote frases como:

a. “Eu não gritei.”
b. “Eu deixei acontecer.”
c. “Eu deveria ter impedido.”

Agora escreva como adulta consciente.

Imagine que você está diante da criança que você foi. Responda a cada acusação da culpa, começando por:

d. “Você não tinha como saber...”

e. “Você não tinha força para impedir...”

f. “O dever de proteger era do adulto, não seu...”

2. **Finalize com uma devolução.** “Hoje eu devolvo a responsabilidade a quem de fato a tinha. Eu não sou culpada. Eu sobrevivi. E sobreviver não é culpa, é coragem.”

Culpa é quando o cérebro confunde sobrevivência com erro. Mas agora você já pode corrigir essa sentença. O que antes foi estratégia para viver, hoje é lembrança de que você resistiu. A culpa não era sua. Nunca foi.

Exercício 27 — A Vergonha Não É Sua Voz

A vergonha é tão cruel quanto a culpa. A culpa diz e a vergonha sussurra: ***"Eu sou o erro."***

Ela se instala como uma segunda pele. Faz você abaixar os olhos, esconder a voz, evitar abraços. Faz acreditar que, se os outros descobrirem quem você é de verdade, irão rejeitar, rir ou abandonar. A vergonha não vem sozinha: ela traz o medo de ser vista.

Mas é preciso lembrar: a vergonha não nasceu em você. Foi plantada. Alguém a colocou ali quando disse que você provocou. Quando riram de você. Quando duvidaram da sua dor. Quando fizeram do seu corpo uma piada ou um segredo.

Vergonha é sempre herdada, nunca é natural.

- Qual é a lembrança mais antiga que você tem de sentir vergonha de si mesma?

- Em quais momentos da vida você se escondeu, não porque queria, mas porque achava que "não merecia estar ali"?

- Se pudesse separar o que é **seu** do que os outros colocaram em você, o que ficaria?

Dê nome à vergonha.

Escreva quais frases ela costuma repetir em você, como:

a. "Você não presta."

b. "Se descobrirem, vão te rejeitar."

c. "Você é suja."

Transforme em cartas trocadas.

A. Escreva uma carta curta da *Voz da Vergonha* para você.

B. Depois, responda como adulta consciente, começando com frases como:

- “Você não nasceu comigo.”
- “Eu não sou o que você diz.”
- “A vergonha não é minha identidade, é um veneno que não aceito mais.”

3. Liberte o corpo.

Escreva uma frase para se ler em voz alta diante do espelho, como uma senha de liberdade:

"Eu não sou o erro. Eu sou inteira. E posso me mostrar sem medo."

A vergonha é a máscara que o agressor tentou deixar em você. Mas agora você já pode arrancá-la.

Você não é o que fizeram com você. Você é quem sobreviveu, e quem agora escolhe viver sem esconder o rosto.

Exercício 28 — Olhando o Medo nos Olhos

O medo é uma sombra que acompanha os sobreviventes de abusos e violências. Ele nasce como um instinto legítimo de proteção, mas, com o tempo, pode se tornar prisão.

O medo diz: *"Não fale, ou vai acontecer de novo."*

O medo diz: *"Se você sair, não volta."*

O medo diz: *"Se confiar, vai ser traída."*

Esse medo já salvou sua vida muitas vezes. Ele é parte do mecanismo de sobrevivência que manteve você de pé quando criança ou quando vítima. Mas hoje, ele pode estar limitando seus passos, impedindo que viva o presente e confie no futuro.

É hora de olhar para ele de frente. Não para eliminá-lo, porque medo também protege, mas para colocar cada medo no tamanho certo.

- Qual foi o primeiro medo que você lembra de sentir?

- Quais medos ainda hoje guiam suas escolhas, mesmo sem você querer?

- Quais medos são de fato sinais de proteção, e quais são apenas ecos do passado?

Liste seus medos atuais. Escreva uma lista de medos que mais afetam sua vida hoje.

(Exemplo: "Medo de confiar em alguém", "Medo de falar em público", "Medo de ser rejeitada.")

Converse com eles.

Para cada medo, escreva:

a. *O que ele está tentando me proteger?*

b. *O que ele me impede de viver?*

Escolha um medo para reconfigurar. Escreva uma carta de coragem contra ele, como um antídoto.

(Exemplo: "Tenho medo de não ser amada, mas escolho me amar primeiro...")

O medo sempre vai existir. Mas ele não precisa mais ser o capitão do barco. Ele pode ser apenas um sinal na estrada, e não a prisão que decide seu caminho. Você pode agradecer ao medo por ter te protegido no passado, e ao mesmo tempo dizer:

"Agora eu sigo guiada pela coragem, não pelo cárcere."

Exercício 29 — Reconhecendo a Insegurança

A insegurança é como um espelho trincado: você até consegue se ver, mas a imagem sempre parece distorcida. Quem passou por abuso ou violência aprendeu a duvidar de si mesma, como se nunca fosse suficiente, como se todo passo precisasse ser validado por alguém de fora.

A insegurança sussurra: ***"Será que eu consigo? Será que mereço? Será que vou ser abandonada de novo?"***

Ela nasce de experiências em que a confiança foi quebrada, onde a autoestima foi ferida. Mas hoje, você não precisa mais olhar para si com esse espelho rachado. É hora de reconstruir a imagem verdadeira, não perfeita, mas inteira.

- Em quais momentos da sua vida você mais dúvida de si mesma?

____

____

____

- Quem ou o que alimentou essa voz de insegurança dentro de você?

____

____

____

____

____

- O que você já conquistou apesar do medo de não ser capaz?

____

____

____

____

____

____

____

1. **Escreva suas frases de insegurança.**

Liste pelo menos três frases que a sua mente costuma repetir quando você se sente incapaz.

(Exemplo: "Eu não sei o bastante", "Eu vou errar", "Eu não sou boa o suficiente.")

____

____

____

____

____

____

____

2. **Construa umas "frases de confiança".** Transforme as respostas em uma frase curta, forte e verdadeira, para repetir quando a insegurança aparecer. (Exemplo: "Eu posso tropeçar, mas não vou desistir. Eu mereço estar aqui.")

A insegurança não some da noite para o dia. Mas cada vez que você responde com amor à voz que duvida, você fortalece uma nova identidade. A mulher que hoje escreve já não é a menina que foi silenciada. Agora, você pode dizer a si mesma:

"Eu não sou minhas inseguranças. Eu sou maior que elas."

Exercício 30 — O Poder do NÃO

Há uma palavra curta, mas que carrega o peso de uma vida inteira: **NÃO**.

Para muitas sobreviventes de abuso, essa palavra foi arrancada cedo demais. Quando eram pequenas, o **NÃO** não foi ouvido, ou foi punido. O corpo dizia "não", mas o adulto não respeitava. A alma gritava "não", mas a violência silenciava. Aos poucos, a mente aprendeu que dizer não era perigoso, que dizer **não,** poderia custar carinho, segurança, até a própria sobrevivência.

E então, para sobreviver, você aprendeu a ceder. Cedeu em silêncios. Cedeu em culpas. Cedeu em relações. Cedeu em desejos que nunca eram os seus. Cedeu tanto que, um dia, já não sabia mais onde você terminava e onde o outro começava.

Mas hoje, aqui, você não é mais aquela criança. Hoje, você é adulta. E está diante de uma chave que pode virar não apenas o rumo das suas relações, mas a forma como você existe no mundo. Essa chave se chama: **NÃO**.

"NÃO", não é apenas uma palavra. É fronteira. É identidade. É cuidado. É amor-próprio em forma de sílaba.

Imersão

Feche os olhos por um instante e lembre-se de uma cena em que você queria ter dito não, mas não conseguiu. Pode ser algo pequeno: quando alguém invadiu seu espaço, quando insistiu em algo que você não queria, quando desrespeitou seu tempo, suas vontades.

Sinta no corpo a memória desse silêncio forçado. Onde ele dói? No peito, na garganta, no estômago?

Agora, respire fundo. Imagine-se de novo naquela cena, mas diferente: imagine-se erguendo os ombros, sustentando o olhar e pronunciando, firme e clara, a palavra que sempre quis dizer: **NÃO**.

A Prática

No espaço a seguir, escreva:

1. **Três situações** da sua vida em que você gostaria de ter dito NÃO, mas não conseguiu.

(Exemplo: aceitar um pedido que me machucava, ceder num relacionamento, permitir que falassem comigo de forma desrespeitosa.)

2. Agora, escreva o que você **gostaria de ter dito** nessas situações. Dê voz àquela versão sua que se calou.

Avançando um passo

O NÃO, não é apenas sobre o passado. Ele é sobre o presente e o futuro. Quando você diz NÃO ao que te fere, você diz SIM à vida que merece. Quando você diz NÃO a um peso injusto, você diz SIM à leveza de existir. Quando você diz NÃO ao abuso, você diz SIM à sua dignidade.

No espaço abaixo, escreva:

- Três coisas às quais você **diz NÃO a partir de hoje**.
- E, ao lado, escreva os **SIMs** que esses nãos carregam.

(Exemplo: Digo NÃO a me calar diante da injustiça → Digo
SIM à minha voz.
Digo NÃO a aceitar migalhas de amor → Digo SIM ao respeito que mereço.)

O NÃO no corpo

Agora, vá até um espelho. Sustente o olhar.

Diga em voz alta:

- **NÃO, eu não aceito mais ser tratada assim.**

- **NÃO, eu não vou me abandonar para agradar.**
- **NÃO, eu não vou mais me calar quando algo me fere.**

Perceba: sua voz não treme porque está errada. Ela treme porque está ressurgindo.

O NÃO pode parecer duro, mas ele é o abraço mais fiel que você pode dar a si mesma. Ele é o limite que protege, a muralha que sustenta, a chave que abre espaço para a vida nova.

Escreva aqui, como compromisso com você mesma:

"Hoje eu reconheço o poder do "**NÃO"**. Não como rebeldia, mas como cuidado. Não como culpa, mas como libertação. Não como medo, mas como amor. O meu "NÃO" é sagrado. E o meu "SIM´ também."

Este não é apenas um exercício. É um capítulo de virada. Porque quando você aprende a dizer NÃO, começa a viver o SIM da sua vida.

Exercício 31 – A Torre e o Cavalo Branco

Reconhecer que esperar por um "salvador" é permanecer presa na torre da dor, e que a verdadeira libertação acontece quando você mesma assume as rédeas e se torna a cavaleira que resgata a própria criança interior.

Desde pequenas, muitas de nós crescemos ouvindo histórias de princesas trancadas em torres, aguardando um príncipe encantado num cavalo branco. Essa imagem foi se infiltrando silenciosamente na nossa mente: *"um dia alguém vai me salvar"*.

Mas a vida não é um conto de fadas. E, quando sobrevivemos ao trauma, a torre se torna real. A torre pode ser a solidão, o silêncio, o medo, o aprisionamento emocional. E a criança ferida dentro de nós permanece lá dentro, esperando por alguém que talvez nunca chegue.

Mas a boa notícia é: **essa criança não precisa mais esperar.** Porque agora existe um adulto aqui. E esse adulto é você. Você não está mais trancada sem saída. Você pode montar no cavalo branco e resgatar a si mesma.

Em quais momentos da sua vida você percebeu estar esperando que alguém viesse te salvar?

- Quem você imaginava que viria: um companheiro? um familiar? um terapeuta? o próprio tempo?

- Como essa espera te manteve presa na torre?

- Se hoje você pudesse abrir a porta, o que diria para a criança que ainda espera?

- Que sinais mostram que já é hora de você mesma assumir o cavalo?

Imersão

1. **Visualização:**

Feche os olhos e imagine a torre onde a sua criança está. Como é essa torre? Alta? Escura? Pequena? Com janelas ou sem?

Descreva em detalhes no papel.

2. **O Cavalo Branco:**

Agora imagine você adulta montando em um cavalo branco.

- Como você está?
- Qual é a expressão do seu rosto?
- Descreva essa cena.

3. **O Resgate:**

Escreva como seria esse momento de resgate.

O que você diria à sua criança?

O que ela responderia?

A Saída:

Descreva como vocês duas descem da torre.

Qual o primeiro lugar para onde vão juntas?

O que você promete a ela naquele momento?

Você não é mais a criança que precisa ser salva. Você é o adulto que tem força, voz e coragem para assumir o cavalo e abrir as portas da própria vida. Não espere por outro herói. O herói sempre esteve aqui, e é você.

Exercício 32 – Quando Eu Me Tornei Meu Próprio Abrigo

Esse exercício é mais do que uma prática: é um capítulo de reconciliação. Ele convida você a parar de se culpar pelo que não fez, parar de acreditar que poderia ter mudado o que sofreu, e a se reencontrar com quem você realmente foi: uma criança. Não a adulta de hoje, mas a criança indefesa, que apenas encontrou meios de sobreviver.

Muitas vezes, quando olhamos para o passado, não enxergamos a criança que fomos. Olhamos com os olhos de hoje, maduros, adultos, cheios de ideias que só agora conseguimos formular. E assimf, julgamos aquela criança.

Imersão

Feche os olhos por um instante. Respira. Agora, volte comigo. De repente, você vê a criança que você foi. Ela está ali, no mesmo lugar onde tudo aconteceu. Talvez em um quarto escuro. Talvez sentada num canto, abraçando os joelhos.

Talvez com os olhos baixos, sem coragem de encarar.

Ela não cresceu ainda. Ela não tem as palavras que você tem hoje. Ela não tem a força que você tem hoje. Ela só tem medo.

Olhe para ela.

Ela é tão pequena. Ela carrega um silêncio maior do que o corpo dela poderia suportar. Nos olhos, talvez haja medo. Talvez haja confusão. Talvez haja aquela pergunta que ninguém respondeu:

"Por que comigo?"

Agora, o que você sente ao vê-la? Sua primeira reação pode ser a de julgá-la:

"Por que você não correu? Por que não gritou? Por que deixou acontecer?"

Mas essa voz não é sua. É a voz de todos que já a culparam. É a voz do mundo que nunca entendeu.

Respira fundo.

Chegou a hora de você falar diferente. Essa criança não precisava de julgamento. Ela precisava de colo. Ela precisava de alguém que dissesse:

"Eu sei que não foi sua culpa.

Eu sei que você fez o que podia.
Eu sei que você só queria viver."

Olhe nos olhos dela. Diga:

"Obrigada. Obrigada por ter resistido. Obrigada por ter ficado. Obrigada por não ter desistido, mesmo quando tudo em você queria desaparecer. Se hoje eu estou aqui, é porque você sobreviveu."

Talvez ela chore. Talvez desconfie. Talvez apenas abaixe a cabeça, sem acreditar. Mas fique. Não vá embora.

Segure a mão dela. Abrigue-a nos seus braços. Ela não precisa mais estar sozinha naquele quarto. **Você está aqui agora**. Você é a adulta que pode dar a ela o que ninguém deu.

Este é o encontro. Não com a dor, mas com a verdade. Não com a culpa, mas com a compaixão.

No espaço a seguir, reescreva este encontro. Não como antes, quando a culpa distorcia tudo. Mas agora, com os olhos da mulher que entende, **a culpa nunca foi sua**.

1) Escreva a cena novamente. Descreva como você entrou naquele quarto. Como você olhou para ela. O que você disse. O que ela respondeu. Como foi o abraço.
2) Deixe cada palavra ser um tijolo de reconstrução. Deixe cada frase ser um sopro de cura. Porque é aqui, neste exercício, que a sua história começa a mudar de lugar. Não porque o passado desapareceu, mas porque a narrativa não está mais nas mãos da culpa. Está nas suas.

Não foi você que falhou. Foi o mundo que falhou com você. E ainda assim, você sobreviveu. Essa criança não precisa mais ser julgada. Ela precisa ser acolhida, por você.

Hoje, você pode dar a ela o que ninguém deu. Hoje, você pode resgatar quem sempre esteve esperando por VOCÊ.

Hoje, você pode reescrever essa história.

Exercício 33 — A Carta que Nunca Escrevi a Deus

Talvez você já tenha orado de muitas formas. Já tenha repetido palavras decoradas, cânticos conhecidos, versículos ensinados. Mas nunca ousou escrever uma carta para Deus com as palavras cruas da sua dor. Talvez porque alguém disse que não podia. Talvez porque acreditou que seria pecado dizer o que realmente sente. Talvez porque confundiu a voz de Deus com a voz dura de quem te feriu em nome d'Ele.

Mas chegou a hora de ser honesta. **Deus não é o agressor.** Deus não é o líder religioso que te humilhou, que abusou, nem o que silenciou. Deus não é o homem que levantou a mão, nem a mulher que disse que você estava em pecado. Deus não tem culpa da maldade que você viveu. O que fizeram com você foi escolha deles. Não foi escolha d'Ele.

Sim, você pode perguntar: **"Então, onde Deus estava?"** Essa é uma pergunta justa. Uma pergunta legítima. Uma pergunta que já rasgou a garganta de muitos profetas. Elias pediu para morrer. Jeremias amaldiçoou o dia em que nasceu. Jó gritou que Deus o tinha abandonado. E, mesmo assim, Deus não os descartou. Não os chamou de hereges. Não os castigou.

Deus os escutou.

Deus não tem medo da sua verdade. Ele não se escandaliza com a sua raiva, com o seu silêncio, com as suas dúvidas. Ele conhece cada parte da sua história, até as que você nunca ousou contar. Ele sabe que, muitas vezes, o que fala não é você, mas a dor. E ainda assim Ele permanece.

Então, hoje, você vai escrever uma carta a Ele. Não uma carta religiosa. Não uma carta com palavras bonitas. Uma carta verdadeira.
Pode começar assim:
— "Deus, eu não entendo..."
— "Deus, eu senti que o Senhor me abandonou quando..."
— "Deus, eu tenho raiva porque..."
— "Deus, eu queria acreditar, mas..."

1. Agora escreva tudo o que você sente para Deus. Não se censure. Se houver raiva, despeje. Se houver dor, coloque no papel. Ele aguenta. Ele já sabe, mas esse espaço é para você dizer.

No espaço a seguir, escreva a sua carta.
Primeiro, despeje sua dor. Depois, permita-se receber a resposta que gostaria de ouvir.

____

____

Agora escreva também o que você gostaria de ouvir d'Ele. Como seria se Ele respondesse a sua carta? O que Ele diria para essa criança que se sentiu sozinha? O que Ele diria para essa mulher que sobreviveu?

Talvez você escreva palavras como:

— "Eu nunca te abandonei."

— "Eu chorei quando você chorou."

— "Eu não causei a sua dor, mas Eu posso curar suas feridas."

— "Você não é suja, não é descartada, não é esquecida. Você é minha filha."

Agora escreva como se fosse Deus respondendo a você. O que você gostaria de ouvir d'Ele hoje? Que palavras curariam o seu coração se viessem da boca do Pai?

Esse exercício não é sobre virar religiosa. Não é sobre se enquadrar numa igreja. É sobre se reconectar com a Fonte de amor que nunca te feriu. Escreva sem medo. Deus não vai te punir pelo que você sente. Ele já conhece. Ele só quer ouvir de você.

Exercício 34 — Carta ao Meu Eu do Futuro

“A Caixa de Ouro”

Você chegou até aqui. E isso já é um milagre. Talvez você ainda se sinta quebrada em alguns lugares, talvez ainda carregue marcas que ninguém vê, talvez ainda chore escondida. Mas o fato de ter chegado até aqui mostra algo que você precisa reconhecer: **você não desistiu de você.**

É hora de olhar para frente. Você já entendeu que ninguém pode mudar por você. Você já percebeu que não adianta esperar que alguém venha te salvar do lado de fora. Isso dói, mas é libertador. Porque se a chave não está nas mãos de ninguém, ela está nas suas. A cura começa quando você reconhece: **“eu preciso de ajuda, eu preciso de cura, eu escolho me ver de verdade.”**

Durante este livro, você enfrentou memórias, dores, culpas e silêncios. Você descobriu que muitos comportamentos que te feriam não nasceram de você, mas foram aprendidos, impostos, enraizados pela violência, pela cultura, pelo medo. E agora, sabendo disso, você já não precisa mais viver como refém.

Mas eu não seria honesta se dissesse que basta fechar esta página para estar tudo resolvido. Não. A cura não é mágica, não é imediata. É um processo. E o tempo desse processo vai depender do quanto você consegue olhar para as suas feridas sem fugir. Depende do quanto você se permite tocar nas suas cicatrizes sem se destruir. Depende do quanto você confia que, mesmo lembrando, mesmo chorando, o passado não precisa mais te aprisionar.

Esse é o convite: **dar novo sentido.**

Ressignificar não apaga a dor. Mas transforma o lugar onde ela mora dentro de você. Ela pode deixar de ser prisão para se tornar aprendizado. Ela pode deixar de ser peso para se tornar semente.

A Prática

Agora, feche os olhos por um instante e imagine-se daqui a cinco anos. Quem você é? Como anda? Como se olha no espelho? Que tipo de relações construiu? O que abandonou? Que novas portas abriram?

Respire e comece a escrever.

***Parte* 1 – O que eu de hoje quero dizer ao meu Eu do Futuro**

Escreva como quem entrega uma carta dentro de uma cápsula do tempo. O que você deseja que nunca se perca? O que você espera que floresça? Quais promessas você faz a si mesma hoje?

Parte 2 — O que meu Eu do Futuro me responde

Agora, vire a cena. Imagine-se recebendo essa carta de volta, como se o futuro já tivesse chegado e a sua versão mais inteira estivesse te escrevendo. O que ela te diria? Como te encorajaria? O que ela celebraria em você?

Guarde essas palavras como uma aliança consigo mesma. Sempre que esquecer quem é, volte a esta carta. Leia em voz alta. Lembre-se: você não é mais prisioneira, você é autora. Não mais ré, mas protagonista. A partir daqui a história não é só de sobrevivência. É de vida. É de futuro. É de recomeço.

Exercício 35 — Da Dor ao Legado: Minha História

Como semente

Chega um momento em que olhar para trás já não dói como antes, dói diferente. A ferida ainda existe, mas agora tem cicatriz. E toda cicatriz é memória de sobrevivência. O que antes parecia só perda começa a se transformar em possibilidade: a de usar a própria história não como corrente, mas como **semente**.

O silêncio foi prisão por muitos anos, mas pode se tornar voz. A lágrima que queimava pode virar rio que rega. O peso que te arrastava pode virar pedra no caminho, que agora serve de marco para dizer: “eu passei por aqui e sobrevivi”.

O legado não é apagar a dor. É **dar a ela um sentido que cura não só você, mas também quem virá depois**.

Imersão

Feche os olhos por um instante e imagine alguém. Não precisa ter rosto definido. Pode ser uma adolescente sentada no quarto, chorando em silêncio. Pode ser uma mulher adulta, cansada, acreditando que não aguenta mais. Pode até ser uma versão de você mesma, em outra fase da vida.

Agora imagine que essa pessoa tem em mãos o seu livro, suas palavras, sua história. Ela abre e encontra você dizendo: "**Eu também achei que não conseguiria. Eu também quis desistir. Mas eu continuo aqui.**" Perceba: sua dor não foi em vão. Ela pode se tornar **ponte** para alguém que ainda não enxerga saída.

No espaço abaixo, escreva uma carta como se fosse para essa "outra sobrevivente imaginária". Não precisa dar conselhos prontos. Apenas diga o que você gostaria que tivessem dito a você no momento mais escuro.

Pode começar assim:

- "Eu sei que você acha que acabou, mas eu estou aqui para te dizer que não acabou."
- "Você não é aquilo que fizeram com você."
- "A sua vida ainda carrega beleza, mesmo que agora você não consiga ver."

Depois, assine a carta não só com seu nome, mas com uma frase que represente o legado que você deseja deixar.

Pode ser uma promessa, um lema, uma oração, uma palavra de esperança.

Esse exercício é um pacto silencioso: você transforma dor em vida. A história que quase te matou agora pode salvar.

O que era prisão vira testemunho. O que era lágrima vira cura. E, quando alguém ler suas palavras, mesmo sem saber seu nome, vai sentir: "Se ela conseguiu, talvez eu também consiga."

Epílogo – A Voz que permanece

Depois de atravessar memórias, dores, exercícios e descobertas, você chegou até aqui. Agora você sabe que não é mais refém do que viveu.

O passado não dita mais quem você é. Ele faz parte da sua história, mas não tem o direito de escrever seu destino.

Você aprendeu que há força em você. Que seus "nãos" também são amor-próprio. Que sua voz não precisa mais se calar. Que sua identidade não se mede pelas marcas do abuso, mas pela verdade de quem você nasceu para ser.

A partir daqui, não é sobre nunca mais sentir medo ou dor. É sobre nunca mais esquecer quem você é, mesmo nos dias em que tudo parecer escuro. Porque quem sabe quem é, não se paralisa. Quem sabe quem é, permanece em pé.

E é por isso que eu deixo esta frase com você, como selo desta caminhada:

Quando você esquece quem é, qualquer voz te paralisa. Quando você ativa sua identidade, nenhuma voz te cala.

SEJA A VOZ, NÃO A VÍTIMA

Referências

DOIDGE, Norman. O cérebro que se transforma: histórias de triunfos da neuroplasticidade. Rio de Janeiro: Record, 2007.

FERENCZI, Sándor. Confusão de línguas entre os adultos e a criança. São Paulo: Martins Fontes, 1992.

FREUD, Sigmund. Edição standard brasileira das obras psicológicas completas de Sigmund Freud. Rio de Janeiro: Imago, v. 24, 1969.

KLEIN, Melanie. Amor, culpa e reparação, e outros trabalhos. Rio de Janeiro: Imago, 1996.

MATÉ, Gabor. In the realm of hungry ghosts: close encounters with addiction. Toronto: Vintage Canada, 2009.

SOLMS, Mark. The hidden spring: a journey to the source of consciousness. New York: W. W. Norton, 2021.

VAN DER KOLK, Bessel. O corpo guarda as marcas: cérebro, mente e corpo na cura do trauma. Porto Alegre: L&PM, 2017.

WINNICOTT, Donald W. O ambiente e os processos de maturação: estudos sobre a teoria do desenvolvimento emocional. Porto Alegre: Artmed, 1983.

Do Cárcere Invisível à Vida Plena

Deus usou a psicanálise como parte do meu processo de cura. Entre lágrimas, estudos e encontros, descobri que o mesmo caminho que me libertou podia também ser estrada para outros.

Foi assim que nasceu o **Phoenix Group**, não de um projeto humano, mas de uma história de restauração. Hoje, ele é mais do que uma instituição: é um conjunto de braços que acolhem, capacitam e cuidam.

O **Phoenix Christian** é **100% americano**, registrado no **estado da Flórida**, e possui **filial no Rio de Janeiro, Brasil**. A partir dele, outros braços se abriram:

Phoenix Christian Institute – Seu propósito é formar e capacitar profissionais comprometidos com o desenvolvimento humano, a fé e o cuidado integral da pessoa. O instituto oferece programas voltados à psicanálise, neuropsicanálise e outras áreas correlatas do conhecimento cristão, como teologia e capelania.

www.institutephoenix.com

ABRAPN – American Board of Psychoanalysts and Neuropsychoanalysts – associação que registra psicanalistas e neuropsicanalistas, garantindo qualidade e ética no exercício profissional.

www.abrapn.org

Survivor Phoenix Life – comunidade de sobreviventes que se apoiam mutuamente, provando que nenhum silêncio dura para sempre.

Phoenix Health Clinic – clínica que oferece atendimento terapêutico acessível, integrando corpo, mente e fé.

Tudo isso forma o coração do **Grupo Phoenix**: transformar dor em propósito e devolver voz a quem foi silenciado.